AF613139

FACULTÉ DE DROIT DE PARIS

CONDITION CIVILE

DE

LA FEMME MARIÉE

EN DROIT ROMAIN

ET

EN DROIT FRANÇAIS

THÈSE POUR LE DOCTORAT

PAR

GABRIEL DAYRAS
Avocat à la Cour d'appel de Paris.

PARIS
IMPRIMÉ PAR JULES GHEMAR
6, RUE DE MONTMORENCY, 6

1874

FACULTÉ DE DROIT DE PARIS

CONDITION CIVILE

DE

LA FEMME MARIÉE

EN DROIT ROMAIN

ET

EN DROIT FRANÇAIS

163

DÉPOT LÉGAL Seine n° 5445 1874

THÈSE POUR LE DOCTORAT

L'acte public sur les matières ci-après sera présenté et soutenu le jeudi 23 juillet 1874, à midi,

Par Gabriel DAYRAS,

Avocat à la Cour d'appel de Paris.

Président : M. DEMANTE, *professeur.*

Suffragants : MM. CHAMBELLAN, COLMET DE SANTERRE, GÉRARDIN, professeurs. BOISTEL, agrégé.

Le candidat répondra, en outre, aux questions qui lui seront faites sur les autres matières de l'enseignement.

PARIS
IMPRIMÉ PAR JULES GHÉMAR
6, RUE DE MONTMORENCY, 6

1874

F. 33211.

A MON PÈRE, A MA MÈRE

A MES FRÈRES

DROIT ROMAIN

INTRODUCTION HISTORIQUE

Quelles étaient dans les temps les plus reculés du Droit romain, pendant les siècles qui ont précédé la loi des XII tables, les modifications que le mariage faisait subir à la condition civile de la femme, et spécialement à sa capacité juridique? Le seul fait du mariage suffisait-il à faire passer la femme dans la famille et sous la puissance de son mari? Les interprètes du Droit romain ne sont pas d'accord sur la réponse à donner à cette question. M. Gide (1) pense que la femme en se mariant passait nécessairement et *ipso facto* sous la puissance et dans la famille de son mari : « Il est probable, dit le savant professeur, qu'aux premiers siècles de Rome, la *manus mariti* était la suite inévitable du mariage... » M. Accarias enseigne l'opinion contraire : « Il faut tenir pour certain, dit-il, qu'à aucune époque la *manus* ne résulta du mariage comme conséquence immédiate et nécessaire (1). »

Sans prendre formellement parti sur une question aussi

(1) *Etude sur la condition privée de la femme*, p. 126.
(2) *Précis de Droit romain*, t. [illegible] p. 245.

obscure et peu importante, d'ailleurs, pour les études que nous avons à faire, nous remarquerons cependant que ce que nous connaissons des mœurs et de l'histoire des premiers Romains nous semble être de nature à confirmer l'opinion de M. Gide. L'état de dépendance absolue de la femme mariée à l'égard de son mari est un signe caractéristique de l'absence de civilisation ; on le retrouve à l'origine de tous les peuples, et lorsqu'on se rappelle comment Rome a été fondée, loin de considérer les premiers Romains comme ayant fait exception à cette règle commune aux peuples non civilisés, on est très-porté à croire qu'elle dût, au contraire, être appliquée avec une rigueur plus grande que partout ailleurs. Qu'était-ce, en effet, à son origine que ce peuple qui devait être le maître du monde? Une troupe d'aventuriers établie sur la rive du Tibre sous la conduite de Romulus, se recrutant tous les jours de bandits étrusques et des autres peuples de l'Italie en quête de pillage et de vols.

Dans une ville ainsi composée, les femmes manquaient : quels moyens durent-ils employer pour s'en procurer, si ce n'est la guerre et l'esclavage? L'histoire ou la légende de l'enlèvement des Sabines nous prouve que c'est ainsi que les choses durent se passer à l'origine : ajoutons à cet argument historique une considération tirée de la signification même du mot *manus* par lequel les Romains désignaient le pouvoir du mari sur sa femme. Les Romains qui aimaient à symboliser leurs institutions et chez lesquels la lance était l'emblême de la propriété, ont choisi, pour représenter la puissance maritale, la main, organe de la force et instrument de l'appréhension matérielle.

C'est donc dans l'enlèvement et le droit de conquête qu'il

faut chercher l'origine de la puissance maritale des Romains.

Toutefois, il nous paraît vraisemblable que cet état de choses qui faisait de la femme mariée presque une esclave ne dura pas jusqu'à la loi des XII tables. Une certaine civilisation avait déjà pénétré à Rome à cette époque, et il est probable que lorsque les décemvirs, en rédigeant leurs lois, distinguèrent le mariage de la *manus* et admirent l'existence de mariages dans lesquels la femme gardait sa liberté, ils ne firent que consacrer un état de choses déjà existant.

A partir de la loi des XII tables, c'est-à-dire du commencement du troisième siècle de Rome, l'étude de la condition de la femme mariée devient plus facile et moins problématique.

Il est incontestable et admis par tous les romanistes qu'à dater de cette époque le mariage n'entraînait à lui seul aucune modification essentielle dans la condition civile de la femme. La femme était-elle *alieni juris* avant de se marier? Elle restait après son mariage soumise à la puissance paternelle. Etait-elle *sui juris?* Son état et sa capacité n'étaient en rien modifiés : elle restait sous la tutelle de ses agnats; l'*auctoritas* de son tuteur, qui était souvent un parent d'un degré très-éloigné, était seule requise, à l'exclusion de celle du mari, qui, non-seulement n'était pas exigée, mais qui eût été inefficace.

Il faudrait cependant se garder de croire que le mariage ne fût en Droit romain qu'une union purement naturelle et destituée de tous effets civils : il produisait des effets considérables dont nous pouvons mentionner ici les plus importants, sans entrer dans les détails, nous réservant de le faire plus tard : les enfants qui en naissaient étaient légitimes et soumis à la puissance paternelle. Les jurisconsultes romains semblent attacher à cet effet du mariage une importance exceptionnelle : c'est, en effet, à propos de la puissance paternelle que Gaïus, et après lui Justinien, traitent des *justes noces*.

La femme prenait la condition sociale de son mari ; elle acquérait son domicile ; le mariage donnait même au mari, en cette seule qualité, un certain droit de correction sur la personne de sa femme.

Mais tous ces effets sont étrangers à la condition civile et à la capacité de la femme, que le mariage était impuissant à modifier.

Hâtons-nous d'ajouter que ces considérations purement juridiques sont loin de la vérité des faits. Il était impossible que, dans une société organisée comme la société romaine primitive, le chef de famille, maître absolu de ses esclaves et de ses enfants, ne le fût pas aussi de sa femme. Aussi était-ce l'usage général, presque universel, de faire suivre la célébration du mariage de certaines cérémonies consacrées ayant pour but de transmettre au mari sur sa femme une puissance analogue à la puissance paternelle, à l'exclusion de toute autre puissance dont la femme était définitivement libérée.

Cette puissance acquise par le mari était la *manus*. Une transformation radicale s'opérait dans la condition de la femme qui y était soumise. Ses liens d'agnation avec son ancienne famille civile étaient rompus, et elle faisait désormais partie de la famille du mari. Elle subissait une *capitis deminutio* à la suite de laquelle sa personnalité civile était supprimée, et son patrimoine lorsqu'elle était *sui juris* tombait dans le patrimoine commun de la famille du mari.

Nous étudierons plus loin en détail les effets de la *manus*. Nous devons nous borner pour le moment à cet aperçu général.

Il y eut donc dans l'ancien Droit romain, depuis la loi des XII tables jusqu'à l'époque où disparut la *manus*, c'est-à-dire pendant une période d'environ six siècles, deux sortes de mariages : le mariage avec *manus*, de beaucoup le plus fréquent dans la première partie de cette longue période, et le mariage sans *manus* qui tend de plus en plus à se substituer au premier.

Quelle était la raison d'être de ces deux régimes matrimoniaux si dissemblables? Correspondaient-ils à des situations de famille ou de fortune différentes? ou bien ne dépendaient-ils que du choix absolument libre et arbitraire des époux.

M. Gide (1) a émis sur cette question une théorie très-ingénieuse. D'après notre savant professeur, ces deux régimes matrimoniaux, absolument différents dans leur nature et leurs effets immédiats, tendaient au même but : la conservation des biens dans les familles, et correspondaient aux deux situations dans lesquelles la femme pouvait se trouver lors du mariage. La femme était-elle à ce moment soumise à la puissance paternelle? le mariage alors était accompagné d'une *conventio in manum* par l'effet de laquelle la femme sortant de sa famille perdait tous ses droits à la succession de son père. C'est une institution semblable aux renonciations à successions futures qui dans notre droit féodal étaient imposées aux filles mariées

(1) *Condition privée de la femme*, p. 128.

et dotées par leur père. La femme était-elle lors du mariage libérée de la puissance de son père? la *manus* aurait eu pour effet de la faire entrer dans la famille de son mari avec tout son patrimoine qui eût été définitivement perdu pour sa famille paternelle; le mariage avait donc lieu alors sans *conventio in manum*, et la femme restait sous la tutelle de ses agnats, chargés dans leur propre intérêt de veiller à la conservation de son patrimoine, qu'ils devaient recueillir comme héritiers.

Le lien, si étroit à l'origine, qui unissait les membres d'une même famille avait un caractère surtout religieux et politique. Néanmoins, il est certain que le principe de la conservation des biens dans les familles n'a pas été absolument étranger aux préoccupations des premiers organisateurs de la société romaine, et a joué dans cette organisation un rôle d'une certaine importance.

Nous pouvons citer comme se rattachant à ce principe, l'institution de la tutelle des femmes pubères; la disposition de la loi des XII tables d'après laquelle une personne n'était déclarée prodigue et pourvue d'un curateur, que lorsque les biens qu'elle dissipait provenaient de la succession légitime de son père; et cette disposition très-ancienne interdisant aux femmes de tester lorsqu'elles avaient des agnats.

En présence de ces considérations, nous n'hésiterons pas à reconnaître ce qu'il y a de conforme à la vérité dans l'ingénieuse théorie de M. Gide. Mais il ne faudrait pas aller jusqu'à croire qu'à l'époque où nous nous plaçons, toutes les femmes *sui juris* se mariaient sans *manus*, et toutes les femmes *alieni juris* avec *manus*. Ce serait, croyons-nous, aller au-delà de la pensée de notre éminent professeur qui a voulu plutôt indiquer une tendance législative, et montrer pourquoi la loi romaine distinguait ces deux espèces de mariage qu'affirmer un fait. Il parle en jurisconsulte et non pas en historien.

Telle fut, en résumé, la condition civile de la femme mariée dans la première période du Droit romain. Le mariage n'entraînait par lui-même aucune modification dans cette condition quant au patrimoine et à la capacité juridique de la femme. La qualité du mari ne conférait que quelques droits sur la personne même de la femme, et encore ces droits étaient-ils considérablement limités par les droits rivaux de celui qui était investi de la puissance paternelle.

Les choses restèrent en cet état tant que l'ancienne organisation de la famille conserva sa vigueur primitive. Mais dès les dernières années de la République, ce vieil édifice de la famille romaine, jusqu'alors respecté et inébranlable, fut violemment battu en brèche, d'abord par la démoralisation envahissante de la société entière et bientôt par le despotisme centralisateur des Césars, attirant insensiblement à eux les pouvoirs que la constitution aristocratique de la République avait laissé s'éparpiller dans les mains des chefs de famille.

Et, chose singulière, la *manus* qui était parmi les institutions relatives à la constitution de la famille, l'une des plus importantes, devint, à l'époque dont nous parlons, l'un des plus puissants instruments de ruine de cette constitution.

Elle se sépara du mariage, et lorsque les femmes firent des *conventiones in manum* ce ne fut plus qu'un moyen de se soustraire à la tutelle de leurs agnats ou à l'accomplissement des *sacra* de ceux à la succession desquels elles étaient appelées.

A l'époque de Gaius, les mariages avec *conventio in manum* étaient déjà devenus rares : la *manus fiduciæ causâ* était, au contraire, très-répandue. Cependant ses institutes nous prouvent qu'elle n'avait pas encore complètement disparu comme puissance maritale. Mais au commencement du IVe siècle de l'ère chrétienne, il n'en restait plus aucune trace.

Quelle fut, après la disparition de la *manus*, la condition de la femme dans le mariage?

Depuis plusieurs siècles avant l'époque dont nous parlons, il existait dans la législation romaine une institution qui, à travers les modifications les plus diverses, est arrivée jusqu'à nous : c'est la dot. Cette institution qui a longtemps existé parallèlement à la *manus* et qui a fini par la supplanter, a son origine dans l'institution même de la *manus*, et a été créée pour remédier à quelques conséquences de cet antique régime matrimonial, que les changements survenus dans les mœurs des Romains leur faisaient trouver trop rigoureuses.

Si, en effet, le mariage avait toujours été, comme dans les premiers siècles, entouré d'un religieux respect, et considéré comme une union indissoluble et sacrée que la mort seule peut rompre, on eût supporté sans peine que le mari restât définitivement propriétaire des biens apportés par la femme. Ces biens auraient été, à sa mort, transmis à la femme elle-même et aux enfants communs. N'était-ce pas là leur destination naturelle?

C'est ainsi, à en croire Aulu-Gelle, que les choses se passèrent pendant les cinq premiers siècles de Rome :

« *Memoria traditum est, quingentis annis post Romam conditam, nullas rei uxoriæ, neque actiones neque cautiones, in urbe Roma aut in Latio fuisse, quia profecto nihil desiderabantur, nullis etiam tunc matrimoniis devertentibus.* » (Nuits attiques IV, 5.) Mais dès le commencement du VIe siècle, l'histoire nous montre le mariage, de même que les autres institutions fondamentales de la famille sur lesquelles nous avons eu déjà occasion de faire cette remarque, perdant son prestige et sa dignité ancienne, l'adultère et le divorce se multipliant dans des proportions effrayantes, et le foyer domestique jadis saint et respecté, devenant, sous l'influence de cette démoralisation, le théâtre de tous les débordements.

Les effets juridiques de la *manus*, étant perpétuels, ne pouvaient plus convenir à des unions éphémères. Le mari répudiant ou perdant sa femme par le divorce ne pouvait plus retenir ni la puissance qu'il avait acquise sur sa personne, ni le droit de propriété qu'il avait acquis sur ses biens. L'institution de la dot se développa d'autant.

Ce nouveau régime, en tout différent de l'ancien, fut un régime d'indépendance complète pour la femme :

Indépendance à l'égard de son mari : elle n'était plus sous sa puissance ; le mari, il est vrai, devenait propriétaire de la dot comme il acquérait sous la *manus* tout le patrimoine de la femme ; mais ce droit de propriété était tellement restreint par les droits rivaux de la femme, que les interprètes du Droit romain se sont demandés quel était des deux époux le vrai propriétaire : *quamvis in bonis mariti dos sit, mulieris tomen est.* (L. 75, D., *De jure dotium.*)

(Nous reviendrons plus loin sur cette question, que nous ne pouvons que mentionner ici.)

Mais ce qui contribuait le plus, sous ce régime, à rendre

la femme indépendante de son mari, c'était la faculté qui lui appartenait de contraindre son mari à lui restituer sa dot quand elle le voulait; il lui suffisait pour cela de dissoudre le mariage par un divorce. Il résultait de là non-seulement que la femme était indépendante du mari, mais encore que celui-ci se trouvait dans une certaine mesure, pour peu que sa situation pécuniaire fût embarrassée, sous la dépendance de sa femme.

C'est ce qui explique ce vers souvent cité que Plaute, dans une de ses comédies (1), met dans la bouche d'un mari :

Argentum accepi, dote imperium vendidi,

dit Demænætus, se plaignant à son esclave Libanus de n'être compté pour rien dans sa propre maison.

Indépendance à l'égard de son père, qui était obligé de fournir la dot, qui ne pouvait la répéter contre le mari que du consentement de sa fille, et qui n'avait sur cette dot, lorsqu'elle était rentrée en ses mains, que des droits très-restreints, sa fille pouvant toujours la lui redemander pour contracter un second mariage.

Enfin, indépendance à l'égard de ses tuteurs agnats, contre lesquels elle avait une action pour les obliger à lui fournir une dot.

Cette liberté, dont nous avons vu l'origine dans la corruption des institutions de l'ancienne famille romaine et spécialement dans le relâchement du lien matrimonial, devint à son tour une des causes les plus efficaces et les énergiques des rapides progrès de la décadence de la société romaine pendant les premiers siècles de l'empire.

(1) *Asinaria*, scène I.

C'est un phénomène qu'il n'est pas rare de rencontrer dans la marche ascendante ou descendante des sociétés que cette influence réciproque de cause à effet des mœurs sur les institutions et des institutions sur les mœurs. On peut même dire que c'est là la loi qui règle cette marche à travers toutes les variations qu'elles subissent depuis leur origine jusqu'à leur chute

C'est dans les mœurs que se font remarquer tout d'abord les premiers symptômes d'une modification de l'état social. Dès que ces symptômes sont assez sérieusement accusés, le législateur s'empare de cette innovation et la sanctionne : on la voit alors croître et prospérer ou quelquefois languir et s'éteindre dans l'oubli, suivant qu'elle correspond à un besoin réel ou qu'elle n'est que le produit de l'imagination de quelques utopistes. Lorsque la lutte s'établit entre les mœurs et le législateur, il est presque certain que le législateur sera le vaincu. Mais lorsque la loi et les mœurs s'accordent pour consacrer une innovation, le succès est assuré et les progrès rapides.

C'est ce qui arriva à Rome : la corruption des mœurs, conséquence du développement du luxe et des richesses qui suivit la conquête de l'Orient, reçut une vive impulsion du nouveau régime de liberté dans lequel vivaient les femmes depuis la disparition de la *manus*. Maîtresses de leurs personnes et de leur dot, elles se firent un jeu du mariage et les divorces devinrent si fréquents que Sénèque a pu dire des femmes romaines qu'elles comptaient les années non par les consuls, mais par le nombre de leurs maris.

Du reste, il faut reconnaître que si les femmes eurent la plus large part d'influence dans les progrès du mal à cette époque, les hommes ne doivent pas être exempts de tout reproche. Non-seulement ils ne firent rien pour arrêter sa marche, non-seulement ils refusèrent, soit imprévoyance, soit plutôt complicité coupable, d'écouter les conseils du vieux Caton résistant au nom des anciennes vertus domestiques à toutes les dispositions ayant pour but d'augmenter l'indépendance des femmes; mais encore on les voit souvent eux-mêmes s'abandonner sans réserve à leurs caprices ou à leurs passions.

Ce fut un homme, Calvirius Spurius Ruga, qui osa le premier à Rome donner l'exemple du divorce vers le milieu du ve siècle de la fondation de Rome. Dans les siècles suivants, nous en trouvons de trop fréquents exemples : Sulpicius Gallus répudie sa femme parce qu'elle est sortie sans voile; un autre répudie la sienne parce qu'elle a assisté aux jeux sans sa permission; Paul-Émile répudie la belle et vertueuse Papyrie; Cicéron répudie Terentia pour les motifs les plus frivoles.

De tels excès devaient amener et amenèrent en effet une réaction : le législateur chercha à réprimer le luxe des femmes et à remettre le mariage en honneur : une série de lois furent faites dans ce but. Nous ne pouvons que les mentionner ici, ce furent : la loi Cincia sur les donations; les lois Oppia et Terentia sur le luxe des femmes, bientôt abrogées malgré la défense énergique de Caton l'Ancien; la loi Voconia sur les testaments; les lois Julia et Pappia, connues sous le nom de lois caducaires, et enfin le sénatus-consulte Velléien.

Contre un mal aussi profond, les efforts du législateur romain furent impuissants. Il était réservé au christianisme d'accomplir cette réforme en épurant les mœurs corrompues par le paganisme des derniers siècles, en rendant au mariage son caractère religieux et sacré et en réédifiant sur les principes d'une morale pure de tout matérialisme les institutions fondamentales de la famille et de la société.

Nous verrons plus loin quelle transformation subit la puissance maritale et ce que devint la condition de la femme mariée sous l'influence de cette nouvelle morale.

Il résulte de ce court aperçu que l'histoire de la condition de la femme mariée dans le Droit romain peut se diviser en trois époques : 1° l'époque de la *manus*, période de prospérité de la société romaine, qui conserve intacte avec un religieux respect l'ancienne organisation de la famille et par elle la pureté des mœurs ;

2° Époque de la dot, période de décadence due au développement désordonné du luxe des femmes, à la fréquence des divorces, et à la ruine des institutions de la famille : puissance paternelle, tutelle des agnats, etc. ;

3° Époque des lois de réaction : lois somptuaires et lois caducaires, sénatus-consulte Velléien.

Ces lois furent si peu efficaces que, à ne considérer que l'état même de la société, il n'y aurait pas à distinguer cette troisième époque de la seconde : c'est la continuation de la décadence dont la marche semble même s'accélérer. Mais c'est au point de vue juridique que nous nous plaçons pour faire cette division, et il nous a semblé qu'à ce point de vue l'étude de ces lois devait se faire séparément.

Nous ne pouvons les comprendre dans le cadre de notre travail, déjà trop vaste eu égard au temps que nous avons à y consacrer. Ce serait, au reste, aller au delà de notre sujet, car les incapacités qu'elles édictent frappent toutes les femmes, et nous n'avons à nous occuper que des règles spéciales aux femmes mariées.

CHAPITRE PREMIER

De la manus.

Nous étudierons sous ce chapitre :

1° Comment se constitue la *manus;*

2° Quels en sont le caractère et les effets;

3° Comment elle s'éteint;

4° Ce que c'est que la *manus fiduciæ causa;*

5° Quelle est la condition de la femme dans un mariage libre.

SECTION PREMIÈRE

Comment se constitue la MANUS.

Gaius (C. 1, § 110) nous apprend qu'il existait trois modes de constitution de la *manus:* la *confarreatio,* la *coemptio* et l'*usus.*

Avant d'entrer dans l'explication détaillée de chacun de ces modes de constitution, il importe de remarquer que certaines conditions étaient exigées, en l'absence desquelles la *manus* ne pouvait prendre naissance, malgré l'exécution des formalités requises :

Le mari devait être *civis romanus.*

La femme devait être *civis romana*.

La femme *alieni juris* devait être autorisée de son père ou de la personne sous la puissance de laquelle elle se trouvait.

La femme *sui juris* devait être autorisée de son tuteur, ou de tous ses tuteurs, si elle en avait plusieurs. Il s'est élevé quant à cette dernière condition, et pour le cas d'acquisition de la *manus* par l'*usus*, une difficulté délicate dont nous réservons l'examen.

Voyons en quoi consistait chacun de ces trois modes de constitution de la *manus*.

§ I. — CONFARREATIO.

La *confarreatio* était une cérémonie religieuse dont les détails ne nous sont qu'imparfaitement connus. Gaius (C. I, § 112) ne nous parle que du gâteau qui figurait dans cette cérémonie et qui lui a donné son nom : *Quoddam genus sacrificii in quo farreus panis adhibetur*. Pothier rapporte dans ses Pandectes (l. 1, tit. 6) quelques autres détails puisés dans d'anciens auteurs (Servius sur Virgile). Un sacrifice était offert par un pontife de Jupiter : on immolait une brebis, et les deux époux assis sur deux siéges réunis, couverts d'un voile et de la peau de la brebis qu'on venait d'immoler, mangeaient une partie du gâteau et jetaient le reste sur la victime en prononçant certaines formules consacrées.

La cérémonie avait lieu en présence de dix témoins représentant les dix curies de la tribu. Chaque famille ayant, comme nous avons eu déjà occasion de le dire, sa place et son rôle dans la cité, chaque fois qu'elle subissait une modification par l'admission ou la perte d'un membre, la cité intéressée à ce changement s'y faisait représenter.

Les interprètes du Droit romain controversent la question de savoir si la *confarreatio* était accessible à tous les citoyens, ou si elle était le privilége des patriciens. Pothier pense qu'à l'origine elle était applicable à tous les mariages. Ce qui est certain, c'est qu'elle devint dans la suite spéciale aux pontifes, qui ne pouvaient se marier sous un autre rite. Les Institutes de Gaius ne permettent pas de douter qu'il en fût ainsi à son époque (C. 1, § 112).

Cette transformation s'explique par ce fait que la *confarreatio* n'avait pas seulement pour but de créer la *manus*, ce n'était même pas là son effet principal. Les hautes dignités sacerdotales ne pouvaient être occupées que par des citoyens issus d'un mariage contracté avec *confarreatio*. C'est pourquoi la *confarreatio* devint spéciale aux patriciens qui seuls pouvaient aspirer à ces dignités.

Nous savons même par Gaius (C. 1, § 136) qu'un sénatus-consulte du règne de Tibère décida qu'à l'avenir la *confarreatio* ne mettrait la femme *in manum mariti* qu'en ce qui concernait le culte (1).

La *confarreatio* disparut complétement sous l'influence du christianisme ; il n'en restait aucune trace sous Justinien.

---

(1) Nous connaissons aussi ce sénatus-consulte par Tacite : « *Lata lex, quâ flaminica Dialis, sacrorum causa, in potestate viri, cætera promiscuo feminarum jure ageret.* » (L. IV, 16.) La *manus* proprement dite commençait à n'être plus dans les mœurs romaines : les femmes se prêtaient rarement aux cérémonies de la *confarreatio*, et il devenait très-difficile de recruter les Flamines.

§ II. — COEMPTIO.

La *coemptio* est un acte d'un caractère tout différent de celui de la *confarreatio*. Ce n'est plus une cérémonie religieuse, c'est un acte presque commercial. Les Romains, pour lesquels le signe de la supériorité était la lance et qui avaient fait de la lance l'emblême de la propriété, avaient ainsi, par un rapprochement qui nous semble aujourd'hui monstrueux, assimilé la puissance paternelle et la puissance maritale au droit de propriété. Les mêmes formalités qui servaient à transférer la propriété d'une chose quelconque étaient employées, sauf quelques modifications de détail, pour transférer ou créer les droits de famille.

Ces formalités constituaient ce que l'on appelait la *mancipation (manu capere)*. Voici en quoi elles consistaient d'après Gaius (C. 1, §§ 119 et 121) et Ulpien (Reg., tit. XIX, §§ 3 et 6) :

Huit personnes y figuraient; c'étaient : l'aliénateur, l'acquéreur, le *libripens* et cinq témoins. Le rôle de ces derniers est complètement passif; ils se contentent d'assister; le *libripens* tient à la main une balance, qui à l'origine servait à peser le métal représentant le prix et depuis que la monnaie a commencé d'exister n'a plus été qu'un emblême. L'acquéreur met la main sur la personne ou la chose sur laquelle il prétend acquérir des droits, il prononce une formule qui contient l'affirmation de l'existence de ce droit à son profit, puis il frappe la balance avec un lingot de métal simulant le prix. Le silence de l'aliénateur équivalait à une reconnaissance du droit au profit de l'acquéreur, qui en était ainsi définitivement investi.

Un père pouvait manciper sa fille de deux manières : par la *mancipatio* ordinaire, qui était applicable aussi aux fils et pouvait être faite en faveur d'un tiers quelconque; par la *coemptio*, qui était spéciale aux femmes mariées et ne pouvait être faite, à l'origine, qu'en faveur du mari.

Ces deux modes de mancipation ne différaient dans leur forme que par la rédaction de la formule; mais elles différaient beaucoup dans leurs résultats.

La puissance créée par la première se nommait le *mancipium;* celle que créait la seconde était la *manus*. Nous ne pouvons, sans empiéter sur ce que nous avons à dire dans le chapitre suivant, indiquer en détail ces différences; nous nous bornerons à les résumer en disant que le *mancipium* se rapprochait beaucoup de l'esclavage, tandis que la *manus* ressemblait à la puissance paternelle.

La *coemptio* remonte à la plus haute antiquité. Gaius nous dit que, à son époque, ce n'était plus qu'une vente fictive; il en était ainsi depuis déjà plusieurs siècles ; mais il paraît certain qu'à l'origine la vente était réelle.

Ce mode de constitution de la *manus* était plus spécialement usité dans les mariages entre plébéiens. Il existait encore à l'époque des jurisconsultes classiques; mais il était très-rarement employé.

De même que la *confarreatio,* il avait entièrement disparu sous Justinien.

§ III. — USUS.

Ce troisième mode de constituer la *manus* n'était autre chose qu'une usucapion.

Ayant déjà remarqué l'assimilation faite par les Romains des droits de puissance et du droit de propriété, nous ne devons pas nous étonner de voir les mêmes modes employés pour faire naître les uns et les autres.

Gaius nous donne, sur la manière dont s'accomplissait cette usucapion, les détails suivants :

« *Usu in manum conveniebat quæ anno continuo nupta perseverabat : nam velut annua possessione usucapiebatur in familiam viri transibat, filiæque locum obtinebat. Itaque lege duodecim Tabularum cautum erat, si quo nollet eo modo in manum mariti convenire, ut quotannis trinoctio ab esset, atque ita usum cujusque anni interrumperet. Sed hoc totum jus partim legibus sublatum est, partim ipsa desuetudine oblitteratum est.* (C. 1, § 111.)

L'*usus* était donc une sorte d'usucapion résultant de la cohabitation prolongée pendant un an sans interruption. La femme qui voulait ne pas tomber *in manu* devait interrompre la possession du mari en quittant pendant trois nuits consécutives le domicile conjugal : cette interruption devait être renouvelée tous les ans, car la *manus* pouvait être acquise *usu* à quelque époque que ce fût pendant la durée du mariage.

Nous retrouvons ici les règles ordinaires de l'usucapion et spécialement les trois conditions essentielles : la *justa causa*, la possession et le laps de temps.

La *justa causa*, c'est le mariage. La possession a pour objet non pas la personne même de la femme; il faudrait pour cela qu'elle fût en esclavage; Gaius (C. II, § 90), se demandant si on peut acquérir la possession par les personnes que l'on a *in manu* ou *in mancipio*, répond négativement, et il ajoute : *Quia ipsas non possidemus*. L'objet de la possession, c'est le droit que le mari tend à acquérir.

Dans l'usucapion proprement dite, la possession doit réunir deux éléments essentiels pour être efficace : le *corpus* et l'*animus* :

Le *corpus*, c'est le fait même de la possession, c'est-à-dire le fait d'avoir à sa disposition l'objet que l'on possède et de pouvoir exercer sur lui le droit que l'on prétend avoir ou que l'on veut acquérir.

L'*animus*, c'est l'intention chez le possesseur d'exercer comme lui appartenant le droit qu'il possède.

Il paraît à peu près certain que ce dernier élément de la possession n'était pas exigé chez le mari pour acquérir la *manus*. Tous les textes qui traitent cette matière, et spécialement celui de Gaius ci-dessus cité, non-seulement ne parlent jamais de l'*animus*, mais la forme même dans laquelle ils sont conçus prouve que la *manus* existait, indépendamment de toute intention chez le mari, par le seul fait qu'une année s'était écoulée sans interruption de cohabitation. Le silence de ces textes peut être aussi interprété en ce sens que l'*animus* est toujours présumé existant chez le mari.

Enfin, nous trouvons, comme dans l'usucapion ordinaire, un certain laps de temps pendant lequel la possession doit se prolonger sans discontinuité. Ce laps est d'une année.

Il faut que les trois nuits d'absence requises pour l'interruption de l'*usus* soient entièrement écoulées avant le moment où expire l'année pendant laquelle l'*usus* s'est accompli.

Lorsque la femme était sous la puissance paternelle, l'acquisition de la *manus* par l'*usus* nécessitait comme pour la *confarreatio* et la *coemptio*, l'autorisation du père, qui ne pouvait évidemment aliéner sa puissance que de son plein gré. Cette autorisation résultait d'un acquiescement tacite, et le père qui voulait garder sa fille sous sa puissance n'avait qu'à l'obliger, en vertu de cette puissance même, à quitter pendant trois nuits le domicile de son époux. Cette absence interrompait l'usucapion et la *manus* ne pouvait prendre naissance.

Mais, comment les choses se passaient-elles lorsque la femme étant *sui juris* se trouvait sous la tutelle de ses agnats? Des doutes existent sur ce point et les interprètes du Droit romain ne sont pas d'accord sur la solution de cette question

D'après les uns, la *manus* est acquise par l'*usus*, sans qu'il soit besoin du consentement du tuteur. M. Troplong (1) qui émet cette opinion semble la fonder sur ce que les tuteurs, n'ayant pas comme le père de famille, le pouvoir d'obliger la femme à quitter le domicile du mari, l'*usus* s'accomplit et la *manus* prend naissance en dehors d'eux et malgré eux.

Ce raisonnement nous semble une pétition de principe, et la solution à laquelle il conduit n'en est pas une ; car la question est précisément de savoir si le mari peut acquérir cette puissance, indépendamment des tuteurs.

Nous trouvons sur cette question dans Pothier (Pan-

(1) *Préface du traité du contrat de mariage*, p. XLII.

dectes, l. 1, tit. 6), deux phrases qui nous semblent, sinon absolument contradictoires, du moins très-peu concordantes, et dont le rapprochement laisse des doutes sur l'opinion de ce jurisconsulte.

La première est ainsi formulée :

Denique usu in manum mariti mulier deveniebat, quæ, quum sine confarreatione et coemptione nupsisset, postea a viro usucapiebatur : « Nimirium si, tutore auctore, cum viro annum unum consueverat. »

Il ressort de cette phrase que Pothier admettait la nécessité de l'autorisation du tuteur, et que ce que le tuteur devait autoriser, c'était la cohabitation, c'est-à-dire l'*usus*.

Plus loin, nous lisons :

Denique usu mulier in manum mariti convenit : Enimvero mulier quæ sine legitimis coemptionis aut confarreationis ritibus nupserat; modo « ejus nuptiis » patris consensus (si filia familias erat), « aut tutorum (si sui juris erat) auctoritas intervenisset; » usu a viro suo capiebatur, et in manum ejus conveniebat, quum anno integro........

Ici ce n'est plus à l'*usus* que doit s'appliquer l'autorisation du tuteur, c'est au mariage.

Nous accepterions cette seconde opinion plus volontiers que la première, car, comme l'ont fait judicieusement observer M. Demangeat (1) et M. Accarias (2) l'*auctoritas tutoris* n'était pas un simple consentement, manifesté d'une manière quelconque, c'était un acte solennel, consistant dans la prononciation de certaines formules consacrées, et

(1) *Cours élémentaire de Droit romain*, tome I, p. 311.
(2) *Précis de Droit romain*, tome I, p. 247.

qui, par conséquent, ne peut se concevoir que appliqué à un acte formel et non pas à une abstention prolongée.

Ce qui semble bien témoigner d'un certain trouble dans les idées de Pothier sur cette question, c'est la citation qu'il fait quelques lignes plus loin, d'une phrase de Cicéron *(pro flacco 24)* :

« *In manum, inquit, convenerat. Nunc audio. Sed quæro utrum usu an coemptione.* « *Usu non potuit, nihil enim de tutela legitima sine omnium tutorum auctoritate potest diminui.* »

MM. Demangeat et Accarias se servent à bien plus juste titre, à notre avis, de cette même phrase, pour établir que la femme en tutelle ne pouvait pas tomber *in manu* par l'*usus*, pour cette raison que l'*auctoritas tutoris*, indispensable à la femme toutes les fois qu'elle voulait changer de famille, ne pouvait pas s'appliquer à ce mode de constitution de la *manus*.

Des trois modes d'acquisition de la *manus* que nous avons étudiés, l'*usus* est celui qui disparut le premier. Il n'existait plus au temps de Gaius.

SECTION II

Caractère et effets de la MANUS.

Nous étudierons successivement les effets de la *manus*, quant à la personne de la femme et quant à ses biens.

§ I. — EFFETS DE LA *manus* QUANT A LA PERSONNE DE LA FEMME.

Il est très-généralement admis par les interprètes du Droit romain que la femme en tombant sous la *manus* de son mari, subissait une *capitis deminutio* et entrait dans la famille de son mari *loco filiæ*, suivant l'expression fréquemment employée par les jurisconsultes romains. Il y a quelques années seulement qu'une opinion complétement différente a été émise par M. Gide, dans son remarquable traité : *De la Condition privée de la Femme* (1). D'après notre savant professeur, les droits conférés par la *manus* doivent être assimilés, non pas aux droits de puissance paternelle, mais aux droits d'un tuteur : ils atteignent non pas la personne de la femme, mais seulement ses biens. Le mari, assurément, a des droits sur la personne de sa femme, mais il tient ses droits du mariage même, et non de la *manus*. M. Gide appuie son opinion sur un texte de Gaius, que nous devons citer :

Non solum autem proprietas per eos quos in potestate habemus adquiritur nobis, sed etiam possessio....... Per eas vero personas quas in manu mancipiove habemus proprietas quidem adquiritur nobis ex omnibus causis, sicut per eos qui in potestate nostra sunt; an autem possessio adquiratur quæri solet, quia ipsas non possidemus (l. II, §§ 89 et 90).

Ce parallèle établi par Gaius, entre les personnes qui sont *in potestate* et celles qui sont *in manu* ou *in mancipio* et

(1) *Op. cit.*, pp. 129 et 133.

duquel il résulte que les premières seules sont l'objet d'une possession, suffit à prouver, d'après M. Gide, que les autres ne sont pas atteintes, quant à leur personne, par le droit qui pèse sur elles.

Cette opinion ne nous paraît pas exacte. Et la preuve qu'il n'y a aucune connexité entre les droits dont nous voulons établir l'existence et la possession dont parle Gaius, c'est qu'il est incontestable et admis par M. Gide lui-même que le *mancipium* est une véritable *potestas*, conférant des droits nombreux et très-rigoureux sur la personne même de l'individu qui y est soumis. Or, ce que Gaius dit des femmes *in manu*, il le dit aussi des personnes *in mancipio.*

M. Gide invoque encore à l'appui de sa thèse un autre texte de Gaius (l. IV, § 80), duquel il résulte qu'un mari ayant sa femme *in manu* ne pouvait être poursuivi noxalement pour les délits commis par elle. Ce texte prouve bien qu'il y avait sur ce point une différence entre la *manus* et la puissance paternelle; mais il ne nous semble pas qu'il autorise à croire que cette puissance n'atteignait en rien la personne de la femme. De plus, nous pouvons faire ici la même remarque que sur le texte précédemment cité, à savoir que ce que Gaius dit de la *manus*, il le dit du *mancipium* et qu'il n'est pas douteux que le *mancipium* ne fût une véritable *potestas* atteignant la personne.

S'il n'avait fallu transférer au mari que la propriété des biens de la femme, il eût été parfaitement inutile de créer pour cela une institution distincte; une mancipation ordinaire eût suffi.

Enfin, les expressions *loco filiæ* souvent répétées par les jurisconsultes romains nous décident à nous ranger à l'opinion commune, d'après laquelle la femme tombant *in manu*, subit une sorte de *capitis deminutio*, et entre comme par une adrogation dans la famille de son mari. Que la puissance résultant de la *manus* ne soit pas absolument semblable à la puissance paternelle; rien n'est plus naturel, et les textes de Gaius que nous avons cités plus haut ne permettent pas d'en douter. Mais, à part quelques différences de détail, il y avait entre ces deux puissances la plus grande analogie.

La femme tombe donc au pouvoir du mari à titre de fille; mais si celui-ci est lui-même sous la puissance de son père, elle se trouve soumise à son beau-père en qualité de petite-fille. Si le chef de la famille est l'aïeul du mari, elle est soumise à ce chef commun, à titre d'arrière-petite-fille; et ainsi de suite.

C'est peut-être là qu'il faut chercher la raison de cette assimilation, qui nous paraît singulière, entre la *manus* et la puissance paternelle. Nous avons déjà eu occasion d'insister sur l'importance considérable de cette puissance dans la société romaine : celui qui en est investi est tout dans la famille; toutes les autres personnes qui en font partie n'ont pas d'existence juridique, leur personnalité s'absorbe dans celle du *paterfamilias* : or, l'âge de puberté, à Rome, étant très-peu reculé et les Romains se mariant, en général, très-jeunes, il en résultait que le plus souvent la femme se trouvait, comme son mari, quoique à un degré différent, soumise à la puissance du chef encore vivant; de sorte que cette puissance paternelle atteignait les femmes des descendants comme les descendants eux-mêmes, et l'unité de la famille n'était en rien troublée.

Les droits de ceux qui étaient investis d'une *potestas* quelconque et notamment de la *manus* sur les personnes soumises à cette puissance, avaient à l'origine, lorsqu'ils existaient dans toute leur rigueur, la plus grande analogie avec le droit de propriété.

Ainsi, le mari qui avait sa femme *in manu* avait sur elle droit de vie et de mort : c'est le plus exorbitant de tous les droits; il n'y a qu'un propriétaire qui puisse ainsi détruire à son gré la chose qui lui appartient.

Il pouvait vendre sa femme : nous lisons, en effet, dans Gaius : « *Omnes igitur liberorum personæ sive masculini sive feminini sexus quæ in potestate parentis sunt mancipari ab hoc eodem modo possunt. Idem juris est in earum personis quæ in manu sunt* .... (C. 1, §§ 117 et 118). »

Mais ce même jurisconsulte nous dit plus loin que ce droit de vente n'était mis en exercice que pour libérer la femme de la *manus* : « *Plerumque solium et a parentibus et a coemptionatoribus mancipantur, cum velint parentes coemptionatoresque suo jure eas personas dimittere...* » (C. 1, § 118.)

Le mari avait encore le droit de revendiquer sa femme et d'agir par l'action *furti* contre celui qui l'aurait ravie.

Il semble, d'après cet aperçu général, que l'état de la femme *in manu* devait être un état bien humiliant, et très-peu différent de la condition d'une esclave. Il n'en est rien cependant. Les mœurs étaient sur ce point en contradiction flagrante avec les institutions, et il est certain qu'en fait la situation de la femme romaine *in manu* dans la famille et dans la société était des plus honorables. Le titre d'*uxor* était une qualification aussi honorable pour elle que celle de *vir* l'était pour l'homme. Elle était l'égale de son mari, elle participait à ses honneurs et à ses dignités : « *Ubi tu Caius, ego Caia;* » et il est à remarquer que la dignité et l'honorabilité de la femme ne commencèrent à déchoir que lorsque les lois et les usages nouveaux lui eurent fait une situation juridique plus indépendante.

D'ailleurs, à l'époque même où la *manus* existait avec toute sa rigueur, l'exercice des pouvoirs qu'elle conférait au mari n'était pas complétement abandonné au caprice de celui-ci. Cet exercice était soumis au contrôle d'un tribunal de famille composé de parents de la femme convoqués et présidés par le mari. Les attributions de ce tribunal variaient suivant la gravité de la faute dont la femme était accusée. S'il s'agissait d'un crime d'adultère, cinq parents de la femme se joignaient au mari et formaient une juridiction souveraine qui pouvait prononcer la peine de mort; s'il s'agissait d'une faute moins grave, le mari jugeait seul et les parents de la femme n'intervenaient que pour contrôler sa sentence. Les quelques données que l'on possède sur la composition, la procédure et la compétence de ce tribunal sont peu précises et peu concordantes (1). M. Gide nous en donne la raison : « Cette juridiction, dit-il, n'a rien de commun avec les magistratures publiques, elle n'est point réglée par les lois, mais par les mœurs : sorte de censure domestique, son autorité est toute morale, et son organisation variable et incertaine ne dépend que des usages et n'a jamais fait l'objet d'un règlement légal. »

Nous avons encore à parler d'un droit très-important et tout à fait original que la *manus* conférait au mari.

Nous savons qu'à Rome les femmes qui n'étaient soumises ni à la puissance paternelle ni à la puissance maritale étaient en tutelle perpétuelle. Les jurisconsultes classiques ont donné, pour expliquer cette institution, diverses raisons,

(1) Voir à ce sujet le fait rapporté par Tacite (*Annales*, lib. XIII, 32).

telles que *levitas animi, infirmitas sexus* ou *ignorantia rerum forensium;* mais nous savons par Gaius que le véritable motif était la conservation des biens de la femme dans sa famille.

De même qu'un père pouvait par testament nommer le tuteur de sa fille, de même le mari ou le père du mari pouvait nommer celui de la femme *in manu:* c'est une conséquence de ce qu'elle était à leur égard *loco filiæ* ou *loco neptis.* Le pouvoir du mari était même plus étendu : il pouvait ou bien désigner lui-même directement celui à qui il voulait confier la tutelle, ou bien léguer à sa femme l'*optio tutoris,* c'est-à-dire le droit de se choisir elle-même son tuteur. L'*optio tutoris* pouvait être *plena* ou *augusta.* Elle était *plena* lorsque la femme pouvait se choisir un tuteur pour chacune de ses affaires sans qu'aucune limite fût apportée au nombre de fois qu'elle pouvait exercer ce droit. Elle était *augusta* lorsque la femme n'était autorisée à exercer l'*optio tutoris* que une ou deux fois, ou un certain nombre de fois limité par le testament.

Mentionnons enfin deux autres droits du mari : 1° celui d'exercer l'action *injuriarum* contre toute personne qui se serait rendue coupable d'injures à l'égard de sa femme ; 2° celui de divorcer, qui n'appartenait qu'à lui dans le premier état du Droit romain.

Nous n'insistons pas sur ces deux droits, qui étaient une conséquence non de la *manus* mais du mariage : les quelques développements qu'ils comportent trouveront leur place naturelle lorsque nous aurons à parler du mariage libre.

§ II. — EFFETS DE LA *manus* QUANT AUX BIENS DE LA FEMME.

Tous les biens de la femme qui tombe *in manu* passent en masse dans le patrimoine de son mari ou de celui qui acquiert la *manus*.

C'est ce que nous dit formellement Gaius : « *Ecce enim cum paterfamilias se in adoptionem dedit, mulierque in manum convenit, omnes eorum res incorporales et corporales, quæque eis debitæ sunt, patri adoptivo, coemptionatorive adquiruntur.* » (C. 111, § 83.)

C'est la conséquence du principe de l'unité de patrimoine dans chaque famille. La personnalité civile de la femme étant supprimée, les droits qui s'y rattachaient allaient se confondre dans ce patrimoine commun, pourvu, comme nous le verrons bientôt, qu'ils ne fussent pas par leur nature même inhérents à cette personne et non susceptibles de lui survivre.

Cette transmission collective ne ressemblait en rien à une translation ordinaire de propriété ; elle n'exigeait ni tradition, ni mancipation, ni *cessio in jure*, et elle avait ceci de particulier qu'elle s'appliquait même aux choses incorporelles ou droits de créance, qui, en Droit romain, étaient intransmissibles. Elle ressemblait beaucoup à la transmission d'un patrimoine par voie de succession ; nous aurons cependant à signaler une différence importante.

Nous avons dit que certains droits inhérents à la personne de la femme s'éteignaient par la *capitis deminutio* que celle-ci subissait, et ne pouvaient par conséquent être transmis au mari. Gaius, à la suite du texte ci-dessus cité, mentionne trois sortes de droits de cette nature : « *Ususfructus, operarum obligatio libertorum quæ per jusjurandum contractà est, et quæ continentur legitimo judicio.* »

Cette énumération n'est certainement pas limitative : nous pouvons y ajouter les droits d'*usus* et d'*habitatio*.

L'usufruit, l'usage et l'habitation s'éteignaient donc par toute *capitis deminutio,* et, spécialement, à la suite d'une *conventio in manum.* Mais, comme cette application sévère des principes conduisait à des conséquences trop rigoureuses, les jurisconsultes romains imaginèrent un moyen détourné, très-juridique et qui n'était que l'application non moins stricte de principes différents. On pouvait, en léguant un droit d'usufruit (et il paraît que c'était le mode de constitution le plus fréquent), le constituer *in singulos annos.*

Il y avait ainsi au lieu d'un seul legs et d'un seul droit, plusieurs legs et plusieurs droits à terme. Le légataire venait-il à subir un *capitis deminutio*, le droit d'usufruit dont il jouissait à ce moment était éteint ; mais au terme fixé par le testament, c'est-à-dire au commencement de l'année suivante, un nouveau droit d'usufruit s'ouvrait et était acquis à celui qui avait le légataire sous sa puissance.

L'*operarum obligatio libertorum* était un rapport particulier de patron à affranchi. N'étant pas susceptible de subsister entre d'autres personnes, il était définitivement éteint lorsque le patron avait subi une *capitis deminutio.*

Que faut-il entendre par cette troisième espèce de droits dont nous parle Gaius, *quæ continentur judicio ?* Gaius veut parler ici du droit résultant de la *litis contestatio* dans une instance.

Lorsque dans un procès le demandeur avait reçu du prêteur la délivrance de la formule et que les formalités de la *litis contestatio* avaient été accomplies, il s'opérait une novation qui éteignait le droit déduit en justice et créait un droit nouveau : c'est ce droit qui s'éteignait par la *capitis deminutio* lorsque l'instance était un *judicium legitimum*.

On entendait par *judicium legitimum* tout procès qui avait lieu à Rome, entre citoyens romains et devant un seul juge. Les instances auxquelles manquaient une de ces trois conditions étaient dites *judicia imperio continentia* (Gaius, c. IV, § 104).

La *manus* a donc pour conséquence de réunir dans les mains du chef de famille le patrimoine de la femme et celui du mari. Se plaçant à ce point de vue, M. Gide a dit très-exactement, à notre avis, que ce régime ressemblait à ce que nous appelons aujourd'hui une communauté universelle (1).

Mais, tout en constatant ce qu'il y a d'exact et de très-ingénieux dans ce rapprochement, nous ne pouvons nous empêcher de remarquer combien ces deux institutions diffèrent quand, au lieu de s'en tenir aux apparences, on en recherche le caractère, la nature et le point de départ.

Notre régime de communauté, tel qu'il a existé dans le droit coutumier et tel qu'il existe aujourd'hui, est fondé sur l'égalité des deux époux : un tel régime n'aurait jamais pris naissance sous une législation faisant de la puissance maritale une tyrannie, et du mari un maître ayant droit de vie et de mort sur sa femme. Il devait, au contraire, se développer naturellement dès que le christianisme eut

---

(1) *Op. cit.*, p. 135.

donné à la puissance maritale son vrai caractère en faisant du mari non plus un maître mais un protecteur.

Tout autre était le régime de la *manus* : régime païen par excellence, il faisait de la femme une esclave ; et si les mœurs, plus puissantes que les lois, n'avaient pas relevé la condition de la mère de famille, nous aurions pu voir, au milieu de la civilisation romaine, des maris tuant ou vendant leur femme.

Non-seulement le régime de la *manus* avilit la condition de la femme au profit de l'omnipotence du mari, mais il la supprime comme personne civile ; elle devient *alieni juris*, c'est-à-dire incapable d'avoir des droits : ceux qui lui appartenaient et ceux qu'elle pourra acquérir par la suite appartiendront désormais à son mari.

Au contraire, notre régime de la communauté sait distinguer dans l'unité matrimoniale les droits de la femme et ceux du mari ; ils veut que les uns et les autres soient respectés ; et nous savons avec quel soin notre Code civil a défendu les droits de la femme contre les abus d'influence ou les empiétements illégitimes du mari.

Il nous reste, après avoir parlé des biens de la femme tombant *in manu*, à parler de ses dettes. La personne juridique de la femme disparaissant par l'effet de la *capitis deminutio*, ses dettes s'éteignaient avec elle et ne passaient pas sur la tête du mari : elle en était, d'après le droit civil complètement libérée.

Il faut cependant excepter de cette règle les dettes nées de délits. Ces dettes, en Droit romain, étaient régies par des règles spéciales différant des règles artificielles du droit civil pur, et empruntées au droit naturel : ainsi les esclaves étaient valablement obligés *ex delicto*, et les obligations nées de cette source ne s'éteignaient pas par la *capitis deminutio* : « *Nemo delictis exuitur quamvis capite deminutus sit* » (l. 2, § 2, D. IV, 5).

Quant aux autres dettes, éteintes d'après le droit civil, le préteur, afin de remédier aux effets d'une libération si commode pour les débiteurs et si préjudiciable aux créanciers, accorda à ces derniers leur ancienne action et leur permit de l'exercer à titre d'action *utile*. Cette action était exercée contre la femme, bien qu'elle fût dépouillée de tous ses biens : il devait arriver le plus souvent que le mari désintéressait le créancier poursuivant; mais celui-ci pouvait, à défaut de payement, faire vendre les biens ayant, avant la *conventio in manum*, appartenu à sa débitrice, ou acquis depuis par elle à son mari.

De ce que la personne civile et le patrimoine de la femme disparaissaient absorbés par le patrimoine et la personne du mari, il suivait encore que aucun acte juridique ni aucun lien de droit ne pouvait être formé entre les époux pendant la *manus*; ils ne pouvaient ni se transmettre des droits de propriété ou de servitude, ni s'obliger l'un à l'égard de l'autre. Cependant un contrat formé entre eux n'eût pas été complètement sans effets : il eût donné naissance à une obligation naturelle pouvant servir de base à une fidéjussion ou à un pacte de constitut. Non-seulement aucun contrat ne pouvait être valablement formé entre les époux, mais tout ce qui pouvait donner naissance à une obligation entre eux, devait être considéré comme nul d'après le droit civil : ainsi un testateur après avoir institué le mari héritier faisait un legs à la femme : ce legs était nul parce que le mari ayant sa femme *in manu* ne pouvait pas être son débiteur; et la nullité aurait persisté alors même que la *manus* aurait cessé d'exister avant la mort du testateur, par l'effet de la règle Catonienne d'après laquelle les dispositions testamentaires qui n'auraient pas pu produire d'effet au moment même où elles ont été faites, à supposer que le testateur fût mort à cet instant, ne pouvaient jamais, dans la suite, produire aucun effet.

La femme pouvait être débitrice comme toute fille de famille (1); elle pouvait devenir créancière; elle pouvait recevoir une chose par mancipation ou tradition; mais nous savons que tout ce qu'elle acquérait ainsi entrait dans le patrimoine du mari.

La femme entrée par la *manus* dans la famille de son mari, y acquérait des droits de succession : c'est là une des suites les plus importantes de la *manus;* nous ne pouvons la passer sous silence.

Tous les droits attribués à la femme soit dans la succession *ab intestat,* soit dans la succession testamentaire, nous seront connus si nous nous souvenons qu'elle était dans la famille de son mari *loco filiæ.* Elle succédait donc *ab intestat* à son mari, au père ou à l'aïeul de celui-ci à titre d'*heres sua ac necessaria.* Elle succédait à ses enfants à titre de sœur. Elle venait donc dans la classe des agnats et n'était exclue que par les héritiers siens.

Dans la succession testamentaire elle devait être instituée ou exhérédée par le testateur; mais l'exhérédation *inter cæteros* était, comme pour une fille, considérée comme suffisante. Le défaut d'exhérédation n'annulait pas le testament, il donnait seulement à la femme omise le droit de prendre une part virile si elle concourait avec des héritiers siens, et la moitié de la succession si elle concourait avec d'autres (Gaius, C. II, § 124).

(1) Une controverse dont nous parlons plus loin existe sur ce point.

La femme *in manu* qui avait été exhérédée avait le droit d'intenter la *querela inofficiosi testamenti*.

Quant à sa propre succession, nous n'avons rien à en dire, car, si elle mourait pendant la *manus*, elle n'avait pas de patrimoine, et par suite pas de succession ; si elle mourait après la dissolution de la *manus*, les règles de sa succession sont en dehors de notre sujet.

Les sénatus-consultes Tertullien et Orphitien vinrent dans la suite modifier les droits de succession des femmes mariées et accorder à ce seul titre et indépendamment de la *manus*, à elles et à leurs enfants, un droit de succession réciproque. Cette innovation considérable ne contribua pas peu à la disparition complète de la *manus*, déjà très-rare à cette époque.

SECTION III

Comment s'éteint la MANUS.

La *manus* s'éteint : 1° par la mort de l'un des époux ; 2° par la *capitis deminutio* de l'un d'eux ; 3° par la remancipation de la femme ; 4° par la *diffaredtio*.

§ I. — MORT DE L'UN DES ÉPOUX.

C'était, en fait, à l'origine, presque l'unique cause d'extinction de la *manus* ; et, bien que l'indissolubilité du mariage n'ait jamais été consacrée par la législation romaine, le mariage et la *manus* duraient presque toujours jusqu'à la mort de l'un des époux.

Si la femme mourait la première, ses biens restaient définitivement acquis au mari ; si le mari mourait le premier, la femme devenue *sui juris,* tombait sous la tutelle de ses agnats, qui n'étaient autres que ceux du mari. Il arrivait le plus souvent que ses tuteurs étaient ses enfants, car ils étaient ses plus proches agnats.

§ II. — *Capitis deminutio* DE L'UN DES ÉPOUX.

Si le mari ou la femme tombait en esclavage, la *manus* était dissoute comme par la mort naturelle.

S'ils perdaient le droit de cité, la *manus* s'éteignait encore, parce qu'elle était une institution de pur droit civil.

Quant à la *minima capitis deminutio*, elle n'était pas, en principe, une cause d'extinction de la *manus* ; le mari qui se donnait en adrogation passait dans la famille de l'adrogeant avec sa femme, et la *manus* reparaissait dès qu'il était redevenu *sui juris.* Cependant, on peut se demander ce que deviendrait la *manus* dans les cas où le mari aurait donné sa femme en adoption. Rien, à notre connaissance, ne nous autorise à lui refuser ce droit, et il semble bien difficile d'admettre que la puissance acquise par l'adoptant et celle du mari puissent coexister sur la tête de la femme.

§ III. — RÉMANCIPATION.

Ce troisième mode n'était autre chose qu'une véritable émancipation : c'est encore un point de ressemblance de la *manus* avec la puissance paternelle. Voici en quoi il consistait : nous savons qu'en Droit romain la puissance paternelle n'était pas directement aliénable, en ce sens du moins qu'un père ne pouvait pas, par le seul effet de sa volonté, en libérer directement son fils ou sa fille ; on avait recours à un moyen détourné : le père mancipait son enfant à un tiers qui, l'ayant alors *in mancipio*, pouvait par une manumission le libérer directement de sa puissance ; si c'était un fils, il retombait alors sous la puissance paternelle, et d'après la loi des XII tables, il fallait trois mancipations successives pour que la puissance paternelle fût éteinte. Une seule mancipation suffisait pour une fille, et dès qu'elle avait été affranchie soit par le tiers qui l'avait acquise *in mancipio*, soit par son père auquel elle avait été, en vertu d'un contrat de fiducie, rétrocédée par le tiers acquéreur, elle était libérée de la puissance paternelle.

Les choses se passaient de la même manière pour les femmes *in manu :* le mari mancipait sa femme à une personne que celle-ci choisissait elle-même ; cette personne libérait la femme par une manumission du *mancipium* qu'elle avait acquise sur elle, et la femme redevenait par là *sui juris*.

Cette tierce personne devait être ordinairement un agnat de la famille d'origine de la femme : c'est pour cela qu'on a appelé *rémancipation* ce qui est en réalité une émancipation.

Nous avons à signaler entre la rémancipation d'une femme *in manu* et l'émancipation d'une fille, deux différences importantes.

Un père émancipant sa fille ajoutait presque toujours à la mancipation qu'il en faisait à un tiers un contrat de fiducie par lequel ce tiers s'obligeait à la remanciper au père : le père étant devenu par cette seconde mancipation acquéreur de sa fille, c'était de lui et non du tiers qu'émanait la manumission; il avait alors le titre et les droits de *parens manumissor :* droits de tutelle et droits de succession.

La rémancipation, au contraire, s'opérant le plus souvent à la suite d'un divorce, il eût été contraire aux sentiments et aux intentions des époux de maintenir entre eux des rapports qu'ils cherchaient à rompre : la manumission était faite directement par le tiers acquéreur parent de la femme, à qui appartenaient dès lors ces droits de tutelle et de succession.

Une seconde différence consistait en ce que une fille ne pouvait jamais exiger que son père l'émancipât : une femme *in manu* pouvait, au contraire, à partir de l'époque où le droit de divorcer appartint aux deux époux, envoyer à son mari un *repudium* et exiger qu'il la libérât de sa puissance.

§ IV. — DIFFAREATIO.

La *diffareatio* était une cérémonie religieuse dont les rites avaient probablement quelque ressemblance avec ceux de la *confarreatio*. Les textes des anciens auteurs et les documents de quelque nature que ce soit que nous possédons sur ce sujet n'ont pas suffi à éclaircir l'obscurité dont il est entouré.

On suppose que la *diffareatio* n'était employée que pour dissoudre la *manus* née d'une *confarreatio;* d'où l'on conclut qu'elle devait être très-rare, car à l'époque où la *confarreatio* était en usage, les mariages n'étaient dissous que par la mort des époux, le divorce n'étant pas encore entré dans les mœurs.

SECTION IV

De la MANUS FIDUCIÆ CAUSA.

C'est comme puissance maritale que la *manus* a joué dans le Droit romain son principal rôle : c'est sous cet aspect que nous l'avons envisagée jusqu'à ce moment. Mais nous savons que plus tard, à une époque où la *manus* commençait à décheoir comme puissance maritale, un autre rôle lui fut attribué par les jurisconsultes romains, et nous avons déjà fait remarquer que cette institution qui fut longtemps l'une des plus essentielles dans l'organisation de la famille à Rome, devint l'un des instruments les plus puissants pour détruire cette organisation.

Elle s'établissait non plus *matrimonii causâ* mais *fiduciæ causâ*, avec un tiers quelconque. Des trois modes de constitution que nous avons étudiés, la *coemptio* était le seul applicable ici : la *confarreatio* et l'*usus* supposent en effet un mariage entre la femme et celui qui acquiert la *manus*.

On l'appelle *manus fiduciæ causâ* parce qu'il intervenait entre le *coemptionator* et le tiers à qui il mancipait la femme un contrat de fiducie d'après lequel celui-ci s'engageait avant de recevoir la mancipation à affranchir la femme dès qu'il l'aurait *in mancipio*.

Comme c'était la femme qui faisait *sui coemptio*, il fallait qu'elle fût *sui juris*.

Nous connaissons trois cas de *coemptio fiduciæ causâ* :

§ I. — COEMPTIO TESTAMENTI FACIENDI CAUSA.

A une époque assez reculée du Droit romain, les femmes ne pouvaient tester qu'à la condition d'avoir rompu tout lien d'agnation par une *capitis deminutio*. Tant qu'une femme avait des agnats, les lois de cette époque ne voulaient pas qu'elle pût même par testament disposer de ses biens à leur préjudice. La femme qui voulait faire un testament devait donc préalablement sortir de sa famille. Pour cela, elle faisait *coemptio* avec une personne de son choix qui la mancipait à un tiers : ce tiers l'affranchissait et se trouvant alors sans agnats elle pouvait librement tester.

Ce premier cas devint inutile depuis un sénatus-consulte rendu sous Adrien, et qui donna aux femmes le droit de tester sans avoir rompu leurs liens d'agnation (Gaius, c. I, § 115, et c. II, § 112).

§ II. — COEMPTIO TUTELÆ MUTANDÆ CAUSA.

La constitution primitive de la famille s'étant peu à peu modifiée, et les anciennes lois ayant perdu leur vigueur excessive, on en vint à trouver que cette antique institution de la tutelle des femmes ne correspondait plus à l'état actuel des mœurs, et on chercha les moyens d'en atténuer les rigueurs. La femme qui voulait changer de tuteur faisait, après avoir obtenu l'autorisation de son tuteur actuel, *coemptio* avec une personne qui s'engageait à la manciper ensuite à celui qu'elle voulait avoir pour tuteur. Lorsque celui-ci avait reçu la femme *in mancipio,* il l'affranchissait et devenait de plein droit son tuteur fiduciaire.

Des tuteurs ainsi choisis et que la femme pouvait remplacer quand elle le voulait en faisant une nouvelle *coemptio,* étaient assurément plus complaisants que sévères, aussi voyons-nous Cicéron railler leur autorité : « *Mulieres omnes propter infirmitatem concilii majores in tutorum potestate esse voluerunt; sic invenerunt genera tutorum qui in potestate mulierum continerentur.* »

Cette *coemptio,* très-fréquente sous la fin de la République, suivit et même accéléra la marche décroissante de la tutelle des femmes et finit par disparaître avec elle.

§ III. — COEMPTIO INTERIMENDORUM SACRORUM CAUSA.

Ici, plus encore que dans les deux cas précédents, nous voyons s'écrouler l'ancien édifice de la famille romaine : le culte des dieux du foyer n'est plus qu'une charge dont on veut se débarrasser tout en conservant le patrimoine qui y est indissolublement attaché : la femme, instituée héritière, fait *coemptio* avec un vieillard pauvre qui, par son intermédiaire, recueille l'hérédité et se trouve chargé des *sacra* Puis il la mancipe à un tiers qui l'affranchit, et il lui rend un à un tous les biens composant l'hérédité ; la femme a donc en réalité reçu le patrimoine entier et n'a plus à sa charge le culte des dieux domestiques. Ce culte s'éteindra en même temps que le *coemptionator*, qui, à cause de sa pauvreté, n'aura probablement pas d'héritier.

Les deux premiers cas de *coemptio fiduciæ causa* nous sont révélés par Gaius : le troisième nous est connu par Cicéron *(pro Murena)*.

On peut se demander pourquoi, dans ces trois cas que nous venons d'examiner, nous voyons deux ventes successives; pourquoi, par exemple, la femme qui veut avoir une certaine personne pour tuteur, au lieu de faire *coemptio* avec cette personne même, s'adresse à un tiers qui la mancipe à celui qu'elle désire avoir pour tuteur pour que celui-ci l'affranchisse ensuite.

La raison de cette double vente est, croyons-nous, dans la nature même de la puissance acquise par le *coemptionator* : cette puissance a la plus grande analogie avec la puissance paternelle : or, nous avons eu déjà occasion de faire remarquer que le père ne pouvait pas directement affranchir son fils ou sa fille de sa puissance. Il fallait donc créer, par une mancipation, une puissance d'une autre nature, ayant quelque analogie avec celle du maître sur l'esclave, et pouvant se détruire directement par une manumission. C'était là le but de la seconde vente dans les trois cas de *coemptio* que nous avons étudiés.

SECTION V

Condition de la femme dans le mariage libre.

Nous avons exposé plus haut la controverse qui s'est élevée entre les auteurs sur le point de savoir à quelle époque de l'histoire du Droit romain remontent les mariages libres : d'après les uns, il y aurait eu des mariages sans *manus* depuis la fondation de Rome, d'autres prétendent qu'ils n'ont existé que depuis la loi des XII tables : ce qui est incontestable, c'est qu'à partir de cette dernière époque le mariage avec *manus* et le mariage libre ont coexisté dans le Droit romain, ce dernier très-rare d'abord, tendant de plus en plus à devenir la règle commune à mesure que se relâchaient les liens étroits de la famille.

Depuis l'époque où s'est introduit l'usage de la dot, il est devenu le régime général ; certains auteurs ont même prétendu qu'il avait dû depuis ce moment être l'unique régime, parce que d'après eux la femme *in manu* ne pouvait pas avoir de dot. Le mari acquérant par la *conventio in manum* le patrimoine de sa femme, l'acquérait irrévocablement et toute convention de retour était impossible. Cette opinion ne nous paraît pas exacte : en se plaçant même au point de vue des principes les plus stricts du droit, nous ne voyons pas pourquoi un père n'aurait pas pu en donnant sa fille en mariage, même avec *conventio in manum*, obliger le mari par une stipulation conditionnelle à rendre en cas de divorce ou de prédécès de la femme, les biens qu'il avait acquis par elle.

Que si nous considérons le cas où la femme faisant *conventio in manum* était *sui juris*, cas dans lequel la question que nous discutons à un intérêt plus considérable, puisque c'est dans ce cas seulement que la femme a un patrimoine ; nous reconnaissons, il est vrai, que la femme ne pouvait pas stipuler elle-même la restitution de sa dot, parce que la créance qu'elle aurait acquise par cette stipulation serait tombée par l'effet de la *conventio in manum* dans les mains de son mari. Mais les jurisconsultes romains avaient bien des ressources lorsqu'ils se trouvaient en face d'un intérêt social considérable et d'une impossibilité juridique; ne pouvaient-ils pas, comme dans le cas d'adrogation d'une impubère, faire faire la stipulation par un *servus publicus?* et si la subtilité des jurisconsultes était mise en défaut, le préteur intervenait et corrigeait au besoin les principes trop rigoureux du droit civil : qui nous empêcherait de supposer par exemple qu'il donnait ici à la femme une action fictive, comme s'il n'y avait pas eu *capitis deminutio?*

Quoiqu'il en soit du moyen employé pour faire fléchir les principes, il nous semble impossible de mettre en doute la possibilité de ces stipulations en présence du texte déjà cité d'Aulu-Gelle, duquel il ressort qu'au VIe siècle de Rome, les *cautiones rei uxoriæ* devinrent très-fréquentes : or à cette époque la plupart des mariages étaient contractés avec *conventio in manum.*

Malgré le désir que nous avons de ne pas insister trop longtemps sur une question qui n'est ici qu'un hors-d'œuvre, nous croyons devoir ajouter une considération qui nous semble appuyer notre thèse. Pourquoi, dans le Droit romain, le mari était-il propriétaire de la dot de la femme? La raison en est, croyons-nous, que la dot a son origine dans cette obligation que contractait le mari de restituer, en cas de divorce, les biens de la femme que la *conventio in manum* mettait dans son patrimoine. Le mari a continué d'être propriétaire des biens de la femme, l'obligation de restitution s'est généralisée et l'apport de la femme a pris le nom de dot.

Il est néanmoins incontestable que l'institution de la dot s'alliait bien mieux à un mariage libre qu'à un mariage avec *manus*, et nous savons déjà que le développement de la dot dans le Droit romain coïncida avec les progrès du mariage libre et la décadence de la *manus*.

Nous allons étudier successivement les droits du mari sur la personne et sur les biens de sa femme : pour éviter d'avoir à nous répéter quand nous étudierons la dot, nous nous plaçons à une époque antérieure au développement de ce régime, c'est-à-dire dans les deux ou trois premiers siècles qui suivirent la loi des XII tables.

§ I. — POUVOIRS DU MARI SUR LA PERSONNE DE SA FEMME.

Nous avons combattu plus haut une théorie d'après laquelle tous les droits que, dans l'ancien Droit romain, le mari avait sur sa femme lui étaient attribués non par la *manus* mais par le mariage lui-même. Tout en refusant d'admettre ce qui nous a paru inexact dans cette opinion, nous nous empressons de reconnaître que le mariage à lui seul, et indépendamment de toute *conventio in manum*, donnait au mari certains droits sur la personne de sa femme.

Chez les Romains comme chez tous les peuples, l'homme avait une certaine suprématie sur sa femme; il est seul investi des droits politiques et publics ; dans la famille, c'est lui qui commande et la femme lui doit respect et obéissance : *Major dignitas in sexu virili,* dit Ulpien (l. 1, Dig., liv. I, tit. IX).

Le mari peut châtier sa femme pour les fautes qu'elle commet, et spécialement en cas d'adultère. Nous avons déjà parlé du tribunal de famille chargé de surveiller l'exercice de ce droit.

C'est lui qui fixe le domicile conjugal : la femme ne peut avoir d'autre domicile que le sien et elle doit le suivre partout où il lui plaît de résider.

Outre son domicile, la femme emprunte encore à son mari sa condition sociale ; elle participe à ses honneurs et à ses dignités.

Enfin, le mari a, en cette seule qualité, deux droits spéciaux qui témoignent du caractère à la fois protecteur et autocrate de la puissance maritale :

1° Il peut poursuivre ceux qui ont injurié sa femme : nous lisons dans les Institutes de Gaius : « *Pati autem injuriam videmur non solum per nosmetipsos, sed et per liberos nostros quos in potestate habemus ; item per uxores nostras quamvis in manu nostra non sint. Itaque si filiæ meæ, quæ Titio nupta est, injuriam feceris, non solum filiæ nomine tecum agi injuriarum potest, verim etiam uno quoque et Titii nomine.* » (C. 111, § 221.) Il y avait donc en pareil cas trois actions *injuriarum*, et ces actions pouvaient se cumuler, parce qu'elles naissaient de trois délits distincts, ayant atteint trois personnes différentes.

La femme, au contraire, n'avait aucune action contre celui qui aurait injurié son mari. Justinien, après avoir reproduit le passage ci-dessus cité de Gaius, ajoute : « *Contra autem, si viro injuria facta sit, uxor injuriarum agere non potest.* »

Et il en donne la raison :

« *Defendi enim uxores a viris, non viros ab uxoribus æquum est.* » (Instit., liv. IV, tit. IV, § 2.)

2° Le mari eut seul, à l'origine du Droit romain et pendant plusieurs siècles, le droit de divorcer. Ce droit fut, plus tard, accordé à la femme à une époque qu'il nous serait difficile de préciser, mais qui doit être postérieure de près de deux siècles à la loi des XII tables.

Les pouvoirs du mari, sous ce régime, étaient donc, grâce à ce droit vague et mal défini de souveraineté, assez étendus. Il n'avait pas, il est vrai, comme sous la *manus*, droit de vie et de mort sur la personne de sa femme, il ne pouvait pas la vendre ; mais si nous nous rappelons qu'en fait ces droits exorbitants n'étaient jamais exercés, nous en conclurons qu'en réalité le mariage sans *manus* donnait au mari autant de pouvoir sur la personne de sa femme que le mariage avec *manus*.

Gardons-nous cependant d'en tirer cette conclusion. peut-être serait-elle exacte pour le cas où la femme mariée, étant *sui juris*, n'avait d'autre autorité à subir que celle de ses tuteurs qui ne portait que sur ses biens ; mais elle serait assurément fausse pour le cas où la femme, étant *alieni juris*, restait après le mariage sous la puissance de son père. Le père conservait sur elle tous les droits que lui donnait cette puissance : droit de vie et de mort, droit de vente, droit d'arracher la femme à son époux pour l'obliger à rentrer dans sa famille ; et si les deux premiers de ces droits étaient rarement exercés, nous savons qu'il n'en était pas de même du troisième ; ce qui suffirait à nous le montrer, à défaut d'autres preuves, c'est qu'il a fallu un acte législatif pour enlever aux pères ce droit exorbitant, ou du moins pour en modérer et en réglementer l'exercice. C'est une constitution d'Antonin le Pieux qui nous est connue par un texte de Paul (Sentences, l. V, tit. VI, § 15).

On comprend quelle atteinte considérable un pouvoir rival aussi énergique devait porter à la puissance maritale.

C'était encore une des attributions du tribunal de famille de servir de pondérateur entre ces deux puissances et de juge dans les différends qui s'élevaient entre elles.

§ II. — POUVOIRS DU MARI SUR LES BIENS DE SA FEMME.

Les pouvoirs du mari sur les biens de sa femme en mariage libre étaient nuls : en effet, la femme était-elle *alieni juris*, elle continuait à vivre sous la puissance de son père et n'avait pas de patrimoine ; était-elle *sui juris*, elle était soumise à ses tuteurs, sans l'intervention desquels elle ne pouvait faire aucun acte juridique pouvant porter atteinte à son patrimoine.

Ce patrimoine échappait donc complétement à l'action du mari, qui supportait seul les charges de la famille.

Il est certain qu'en fait cette situation dut se produire très-rarement, car nous avons vu les progrès du régime de la dot coïncider avec le développement du mariage libre et modifier ce qu'il y avait d'anormal et d'injuste dans la situation réciproque faite aux époux par ce dernier régime.

CHAPITRE II

De la Dot.

Ce que nous avons à dire de la condition de la femme en mariage dans cette seconde partie a trait exclusivement à ses biens : pour ce qui est des pouvoirs du mari sur sa personne, nous pouvons nous reporter à ce que nous venons de dire sur ce sujet pour le cas de mariage sans *manus;* nous y ajouterons l'observation suivante : les droits de puissance paternelle étant, à l'époque où nous sommes arrivés, en pleine décadence, la puissance maritale, qui avait été jusqu'alors maintenue par eux dans d'étroites limites, tendit à prendre son plein et entier exercice. Mais, en même temps, un frein d'une autre nature venait en arrêter les développements; les femmes, maîtresses de leur personne et de leur dot, tinrent leur mari sous leur dépendance par la menace continuelle d'un divorce suivi d'une demande en restitution de la dot. De sorte que les maris n'échappaient à la domination de leur beau-père, qui pouvait, quand il le voulait, leur ravir leur femme, que pour tomber sous celle beaucoup plus tyrannique de leur femme elle-même.

Nous passons, après cette courte observation, à l'étude de la condition de la femme mariée, quant à ses biens.

L'origine de la dot et son influence dans la société romaine ont déjà fait l'objet de nos études; nous arrivons à la partie purement juridique du sujet.

Nous diviserons les explications que nous avons à donner en trois parties :

1° Constitution de la dot;

2° Administration de la dot et pouvoirs du mari sur les biens dotaux;

3° Restitution de la dot.

Dans une quatrième partie nous étudierons la condition des biens paraphernaux et à cette occasion la capacité de la femme mariée.

SECTION PREMIÈRE

Constitution de la dot.

La constitution de dot est un acte par lequel une certaine valeur ou une certaine quantité de biens est apportée au mari pour lui aider à subvenir aux besoins de la famille.

Cette constitution pouvait être faite soit par la femme elle-même, soit par son père, soit enfin par un tiers quelconque.

Elle devait apparemment être faite le plus souvent par la femme elle-même, lorsque celle-ci étant *sui juris* au moment du mariage avait un patrimoine : la femme était alors soumise à l'autorité de ses tuteurs, et la constitution de dot était un des actes pour lesquels leur autorisation était nécessaire (Ulpien Reg. tit. XI, § 20).

Mais à l'époque où le régime de la dot avait acquis son plein développement, la tutelle des femmes avait déjà perdu beaucoup de son ancienne rigueur, et souvent le préteur intervenait pour obliger le tuteur à donner son autorisation.

La dot devait, au contraire, être constituée par le père lorsque la fille étant encore sous sa puissance n'avait pas de patrimoine. Ce n'est pas que la fille dans cette condition fût dans l'impossibilité absolue de se constituer à elle même une dot : elle ne pouvait pas, il est vrai, apporter au mari des biens qu'elle ne possédait pas encore, mais elle pouvait s'obliger envers lui à titre de dot, et cette obligation, valable d'après le droit civil (1), donnait au mari le droit d'exiger de sa femme l'apport qu'elle avait promis, aussitôt que, étant devenue *sui juris,* elle avait acquis un patrimoine.

Mais ce mode de constitution, en ajournant à une époque imprévue la réalisation de l'apport de la femme, ne remplissait pas le but de la dot, et le père devait le plus souvent intervenir pour procurer immédiatement au mari les ressources nécessaires à l'entretien de la nouvelle famille.

A l'origine, cette constitution de dot était faite par le père bénévolement, et il ne pouvait pas y être contraint. Mais, plus tard, la loi Julia dans le but de favoriser les mariages décida que les pères pourraient être contraints de procurer un époux à leur fille et de leur fournir une dot (l. 19, Dig. liv. XXIII, tit. 3).

La constitution de dot pouvait se faire de trois manières différentes : « *Dos aut datur, aut dicitur, aut promittitur* » dit Ulpien (Reg. tit. VI, § 1).

La *dotis datio* consiste dans la translation de propriété des choses qui doivent composer la dot. Ce transport de propriété se fait par les moyens ordinaires : mancipation, tradition seule ou suivie d'usucapion, *cessio in jure.*

La *dotis promissio* est une stipulation ordinaire par laquelle le constituant s'oblige envers le mari à lui procurer telle valeur ou tel objet déterminé.

La *dotis dictio* est un moyen spécial de s'obliger en prononçant des paroles solennelles, mais sans avoir recours aux formalités ordinaires de la stipulation. Ce mode de

(1) Quoiqu'il se soit élevé sur cette question quelques difficultés, il est généralement admis qu'à l'époque classique, les filles en puissance paternelle pouvaient s'obliger valablement comme les fils de famille.

constitution n'est applicable qu'à la femme (1), à son débiteur délégué et à son ascendant mâle de la ligne paternelle.

Ces deux derniers modes de constitution ne donnent au mari qu'un droit de créance. Le premier mode lui transfère suivant les cas un véritable droit de propriété, ou seulement le domaine bonitaire lorsque le constituant lui a fait tradition d'une chose *mancipi* ou même peut ne le mettre que *in causâ usucapiendi*, lorsque le tradens n'était pas propriétaire.

La constitution de la dot peut être faite soit avant le mariage, soit même pendant sa durée. « *Dos aut antecedit aut sequitur matrimonium* » (Sent. de Paul, l. II, t. XXI *b.*, § 1). Mais comme il n'y a pas de dot sans mariage, les effets de la constitution, soit qu'il s'agisse d'une promesse, soit même qu'une translation de propriété ait été opérée, sont subordonnés à l'existence du mariage ; de telle sorte que si le mariage n'a pas lieu, le constituant peut par une *condictio sine causâ* obliger celui qui devait être le mari à le libérer par une acceptilation ou à lui retransférer la propriété des objets qui devaient composer la dot.

La dot constituée par le père était dite *profectice;* celle que la femme se constituait elle-même ou qui lui était constituée par toute autre personne était dite *adventice.*

Nous verrons en traitant de la restitution de la dot, l'importance de cette distinction.

---

(1) Et même d'après un texte de Paul déjà cité (fr. vat. 99) il ne s'appliquerait qu'à la femme *sui juris*. Ulpien ne fait pas cette distinction.

SECTION II

Pouvoirs du mari sur les biens dotaux.

Le mari, en Droit romain, était propriétaire de la dot de la femme ; propriétaire provisoire, il est vrai, perpétuellement soumis à une action en restitution qui pouvait s'ouvrir à chaque instant par la dissolution du mariage ; mais il n'en avait pas moins un véritable droit de propriété, lui permettant, à l'origine, de disposer à son gré des biens dotaux, de les administrer, de les vendre, de les donner et de les dissiper comme tout propriétaire.

Il ne faudrait pas chercher la raison d'être de cette législation dans un intérêt social ou de famille, ni dans une théorie juridique. Il est certain que le but essentiel de la dot qui est de fournir des ressources pour l'entretien de la famille eût été tout aussi bien rempli si au lieu de transférer au mari la propriété des biens dotaux on lui eût seulement accordé un droit d'usufruit et d'administration analogue à celui qui est organisé par notre Code civil : à ce point de vue, donc, nulle différence entre ce droit d'usufruit général dont nous parlons et le droit de propriété provisoire et résoluble de la législation romaine : ce dernier système ne déplaçait même pas les risques qui restaient à la charge de la femme en sa qualité de créancière de corps certains.

Mais s'il était sans avantages, il n'était pas sans dangers. Le principal danger de ce système était de rendre complétement illusoire, et sans sanction, l'obligation de restitution qui incombait au mari ; il pouvait vendre, donner et dissiper les biens dotaux ; les tiers qui les avaient acquis de lui n'avaient rien à craindre des poursuites de la femme qui ne pouvaient atteindre que le mari ; et la dot était perdue sans retour.

De plus, cette législation consacrait une immoralité qui aurait pu devenir un péril social : l'action en restitution de la dot (nous parlons de la dot *adventice,* qui était au moins aussi fréquente que la dot *profectice*), ne s'ouvrait au profit de la femme que lorsque le mariage avait été dissous par un événement autre que le décès de celle-ci, c'est-à-dire par le divorce ou par le prédécès du mari. Si, au contraire, la femme prédécédait, le droit de propriété du mari était consolidé et les biens dotaux lui étaient définitivement acquis.

Enfin, n'y a-t-il pas quelque chose de contradictoire dans l'acte d'une personne qui, pour établir un droit qu'elle sait temporaire et résoluble, transfère le droit de propriété qui est de sa nature définitif et perpétuel, et dans la situation du mari qui, sachant qu'il n'a sur les biens dotaux qu'un droit provisoire, transfère à un tiers acquéreur sur ces mêmes biens un droit irrévocable ?

Ce n'est donc pas, comme nous le disions, dans une raison d'intérêt social ou de famille ni dans une théorie juridique qu'il faut chercher l'origine de cette législation : elle est dans l'usage, qui s'introduisit à une certaine époque, de joindre aux *conventiones in manum* une clause de restitution.

Les Romains, poussant à l'excès le respect de leurs lois, ne procédaient pas ordinairement dans leurs progrès législatifs par voie d'abrogation et de suppression radicale : lorsqu'une institution n'était plus en rapport avec les mœurs, ils la modifiaient, l'amendaient insensiblement par l'application de principes nouveaux plus en rapport avec l'état présent de la société. Il résultait de là souvent des incohérences qui disparaissaient elles-mêmes peu à peu, pour faire place à une législation plus uniforme et plus rationnelle.

C'est ce qui arriva ici. Ce droit pour la femme de reprendre ses apports, venant subitement s'implanter à côté du droit absolu et irrévocable que la *manus* conférait au mari, donna naissance tout d'abord à une législation dont nous venons de montrer l'incohérence et les dangers. Mais nous allons voir l'unité et l'harmonie s'introduire peu à peu dans cette législation : le droit de propriété du mari sur les biens dotaux est de plus en plus restreint au profit de la femme, dont les droits sont au contraire augmentés chaque jour. Sous Auguste, la loi *Julia* défend au mari d'aliéner les immeubles dotaux sans le consentement de la femme ; et, en nous plaçant dans le dernier état du Droit romain, nous voyons Justinien, dans une constitution de l'an 529 (l. 30, C. *de jure dotium*), imaginer une propriété naturelle qui aurait appartenu à la femme, à côté de la propriété civile du mari, et donner à la femme une action en revendication pour le recouvrement de sa dot. Déjà, dans une constitution antérieure, le même empereur avait décidé qu'une stipulation de restitution serait toujours sous-entendue, et que le mari ne garderait jamais la dot, que s'il y était autorisé par une convention expresse (loi unic., Code l. V, tit. 13).

Ce conflit entre les pouvoirs du mari et ceux de la femme sur la dot a donné naissance à une controverse célèbre sur le point de savoir quel était en réalité le véritable propriétaire. Cette controverse devait s'élever, car nous voyons les jurisconsultes romains eux-mêmes hésiter entre les anciens principes et la réalité des choses, et se demander si ce n'est pas en fait la femme qui est le vrai propriétaire : « *Quamvis in bonis mariti dos sit, mulieris tamen est,* » dit Tryphoninus.

Il est certain qu'un propriétaire qui ne peut pas aliéner sans le consentement d'une autre personne, et qui est tenu à l'égard de cette même personne d'une action en restitution pouvant s'ouvrir à chaque instant, ressemble beaucoup à un usufruitier.

Sans entrer dans les détails de cette controverse qui nous entraînerait trop loin, nous devons dire ici que nous croyons, conformément à l'opinion la plus généralement admise, que, à quelque époque que l'on se place dans l'histoire de la dot, le mari doit en être considéré comme propriétaire. Nous n'en voulons d'autre preuve que le texte on ne peut plus clair et plus formel de Gaius : « *Accidit aliquando ut qui dominus sit.....,* etc. » (C. II, §§ 62 et 63), texte reproduit plus tard par Justinien à une époque où les droits de la femme avaient acquis un développement considérable au détriment de ceux du mari. A ce texte, nous ajouterons une considération qui nous semble avoir une certaine valeur : à l'origine, le mari était certainement propriétaire absolu et sans restrictions des biens dotaux. Or, si le désir de conformer la législation sur la dot aux mœurs et à la raison a pu y faire introduire insensiblement des modifications restrictives des droits du mari et extensives des droits de la femme, le respect religieux que les Romains professaient pour leurs antiques institutions a dû empêcher, en cette matière comme en beaucoup d'autres, toute réforme radicale. On ne trouve, du reste, aucun acte législatif ni aucun texte portant trace d'un tel changement. Bien loin de là, les textes de l'époque classique, qui nous apprennent comment se constituait la dot, ne peuvent pas nous laisser douter que ce ne fut pas une translation de propriété faite au mari soit directement, soit à la suite et en payement d'une obligation contractée *dotis causa*.

Nous devons placer ici une observation qui se rattache à la question que nous venons de traiter et qui a une certaine importance pour ce que nous avons encore à dire des pouvoirs du mari sur les biens dotaux :

. Il y a deux classes de biens qui ont toujours été placés en dehors de la controverse dont nous venons de parler et sur lesquels le mari a toujours eu un droit de propriété absolu, incontesté, et auquel ni la loi Julia ni les constitutions de Justinien n'ont porté atteinte.

La première classe comprend les choses fongibles, c'est-à-dire celles qui se consomment par le premier usage, soit par une consommation réelle, soit par la mise hors de notre patrimoine et qui n'ont pas d'individualité : telles sont une somme d'argent ou un certain nombre de mesures de blé.

La seconde classe comprend les choses non fongibles, les corps certains qui ont été estimés lors de la tradition ou de la mancipation qui en a été faite au mari. Cette estimation vaut vente, suivant l'expression consacrée ; et c'est à titre d'acquéreur que le mari en est propriétaire.

Ce qui est dotal et ce qui devra être restitué, ce n'est pas la chose elle-même, c'est le prix de l'estimation. Il suit de là que les risques sont à la charge du mari, qui devra ce prix malgré toute perte ou détérioration fortuite (l. 10, Dig., livre XXIII, tit. 3).

Cependant, comme il n'y a là qu'une interprétation de la volonté présumée des parties, celles-ci peuvent, tout en faisant une estimation des choses dotales, convenir que ces biens resteront sous l'empire du droit commun, qu'ils devront être restitués en nature et que les risques resteront à la charge de la femme. Cette estimation est dite *taxationis causâ* et n'a d'autre but que de fixer d'avance l'indemnité qui serait due à la femme si les biens dotaux venaient à périr ou à subir des détériorations par la faute du mari.

Après cet aperçu général sur le droit de propriété du mari, nous devons entrer dans quelques détails sur les modifications qu'il a subies à diverses époques du Droit romain, sur son plus ou moins d'étendue, suivant que la dot était mobilière ou immobilière, enfin sur toutes les conditions qui pouvaient en étendre ou en restreindre l'exercice.

A l'origine, le droit de propriété du mari sur la dot soit mobilière soit immobilière était absolu et illimité : il pouvait seul disposer des biens dotaux et il le pouvait sans l'intervention de la femme. Aussi absolu que fût ce droit, il y avait encore un intérêt considérable à savoir si les biens dotaux avaient été estimés ou non. Dans le premier cas, le mari était acheteur ; s'il n'avait reçu que la possession *ad usucapiendum*, il usucapait *pro emptore* et non *pro dote* ; les chances d'augmentation et de détérioration fortuites reposaient sur sa tête ; s'il était évincé, il avait un recours contre le constituant par l'action *ex empto ;* enfin, alors même que le bien ainsi constitué en dot se serait retrouvé dans son patrimoine lors de la restitution, ce n'était pas le bien lui-même, mais la valeur estimative qui devait être restituée.

S'il n'y avait pas eu estimation, le mari usucapait *pro dote*, les risques étaient à la charge de la femme, et le bien lui-même devait être rendu à la dissolution du mariage s'il se trouvait encore dans les mains du mari. Que s'il avait été aliéné, la femme avait droit à la valeur et même à des dommages-intérêts si l'aliénation avait été faite dans des conditions désavantageuses.

Nous avons vu que cette législation n'ayant pas paru assez protectrice pour la femme à une époque où l'on cherchait à encourager le mariage par l'appât des dots, Auguste fit voter un plébiscite célèbre connu sous le nom de loi *Julia de adulteriis*, et défendant au mari d'aliéner le fonds dotal sans l'autorisation de sa femme.

Le titre même de cette loi indique qu'il y était question d'autre chose que de l'inaliénabilité dotale : il paraît, en effet, qu'elle se composait en grande partie de dispositions répressives de l'adultère.

Comme il peut paraître étonnant de voir deux matières assez dissemblables réunies dans une même loi, nous devons reproduire les explications qui ont été données de ce rapprochement.

D'après Hugo, le mari qui voulait poursuivre sa femme en adultère devait, avant de commencer les poursuites, divorcer et se mettre en état de restituer la dot (l. 11, § 10, Dig., l. 45, 5). Mettre obstacle à l'aliénation des biens dotaux était donc un moyen de faciliter la punition des femmes adultères.

M. Demangeat, critiquant ce système, fait observer avec raison qu'il aurait été singulier de laisser à la discrétion de la femme, qui peut par son consentement valider l'aliénation du bien dotal, une garantie destinée à assurer l'exercice d'une accusation contre elle. D'après le savant auteur, ce qui rapproche ces deux dispositions de la loi *Julia*, c'est leur but commun, qui est d'encourager au mariage, d'une part, les hommes en assurant autant que possible, par des moyens répressifs, la fidélité de l'épouse ;

d'autre part, les femmes, en ne laissant pas à la discrétion absolue du mari les biens qu'elles lui apportent en dot.

Mais revenons à l'inaliénabilité du fonds dotal, qui est la disposition essentielle de la loi *Julia*.

Jusqu'ici nous n'avons pas eu de distinction à faire, quant aux pouvoirs du mari, entre les meubles et les immeubles dotaux.

Mais, à partir de la loi Julia, cette distinction devient essentielle, la dot mobilière reste soumise aux anciens principes, le mari conserve sur elle son droit de disposition absolu; la condition de la dot immobilière est seule modifiée (1). Et même, parmi les immeubles, nous avons encore à reproduire ici notre distinction entre ceux qui ont été estimés, lors de la constitution, et ceux qui ne l'ont pas été ou qui l'ont été seulement *taxationis causâ;* les premiers restent soumis aux conditions que nous avons exposées plus haut. De sorte que la loi Julia n'est applicable qu'aux immeubles non estimés, ou estimés *taxationis causâ*.

Étudions-en maintenant les dispositions :

Nous lisons aux Institutes de Justinien : « ...... *Nam dotale prædium maritus, invitâ muliere per legem Juliam prohibetur alienare, quamvis ipsius sit, dotis causâ ei datum. Quod nos legem Juliam corrigentes, in meliorem statum deduximus: quum enim lex in soli tantummodo rebus locum habebat quæ Italicæ fuerant et alienationes inhibebat quæ invitâ muliere fiebant, hypothecas autem earum rerum etiam volente eâ, utrique remedium imposuimus*....... (l. II, t. VIII). »

---

(1) C'est ce qui ressort des expressions : *prædium, fundus* ou autres termes équivalents dont se servent tous les textes qui parlent de la loi Julia et de la loi 21 Dig. 40, 1, qui permet expressément l'affranchissement des esclaves dotaux.

D'après ce texte, la loi Julia contenait deux dispositions : l'une, défendant au mari d'aliéner l'immeuble dotal sans le consentement de la femme ; l'autre, lui défendant de l'hypothéquer même avec ce consentement. Une telle législation n'aurait assurément rien qui dût nous paraître contradictoire, et nous admettrions facilement que le législateur romain ait voulu protéger plus énergiquement la femme contre les dangers de l'hypothèque que contre ceux plus apparents d'une aliénation directe.

Cependant, il s'est formé depuis peu d'années, sur cette question, une opinion qui tend à s'accréditer, d'après laquelle le texte des Institutes que nous venons de citer contiendrait une erreur et attribuerait faussement à la loi Julia la seconde disposition prohibant, d'une manière absolue, l'hypothèque du bien dotal, laquelle doit se rattacher plus probablement aux prohibitions du sénatus-consulte Velléien. La discussion de ce système qui nous paraît réunir toutes les apparences de la vérité, nous est malheureusement interdite par les limites restreintes de ce travail : nous ne pouvons que citer les arguments qu'il invoque :

1º Les deux seuls textes qui, avec celui de Justinien, rapportent les dispositions de la loi Julia ne parlent que de l'interdiction d'aliéner : il n'y est pas dit un seul mot de l'hypothèque ; ces deux textes sont : l'un de Gaius (c. II, § 4) ; et l'autre de Paul (sent. II, tit. XXI *b.*, § 2), c'est-à-dire de deux jurisconsultes de l'époque classique, assez rapprochés de la loi Julia, alors que Justinien, qui en est éloigné de cinq siècles, n'en a probablement jamais connu le texte ;

2º Il paraît à peu près certain que l'hypothèque n'a été connue, en Italie, que un siècle et demi environ après la loi Julia.

L'opinion adverse invoque, outre le texte des Institutes ci-dessus cité, un texte assez énigmatique de Gaius, que nous ne pouvons que citer : c'est la loi 4, du titre *defundo dotali,* au Digeste.

La loi Julia ne s'appliquait qu'aux immeubles de l'Italie, et non dans les provinces. Gaius nous dit que ce point était encore controversé de son temps (c. II, § 63). Justinien est plus affirmatif; la question était sans doute depuis longtemps résolue dans le sens que nous venons d'indiquer.

La prohibition de la loi Julia était aussi générale que possible et s'appliquait à toute aliénation, sous quelque forme qu'elle se présentât. Elle comprenait les aliénations à titre gratuit et à titre onéreux, entre vifs et à cause de mort, directes et indirectes : en devenant inaliénable, l'immeuble dotal devenait imprescriptible. « *Alienationis verbum etiam usucapionem continet; vix est enim ut non videatur alienare qui patitur usucapi.* » (L. 28, Dig. liv. 50, tit. 16.) S'il n'en était pas ainsi, il serait trop facile d'éluder la loi, en mettant un tiers *in causá usucapiendi* et en laissant s'écouler les délais requis pour l'accómplissement de l'usucapion.

Cependant, une usucapion commencée avant la constitution de dot continuerait utilement et s'accomplirait dans les délais ordinaires, malgré l'inaliénabilité dont l'immeuble possédé a été frappé au cours de la possession (1). Nous avons sur ce point un texte formel qui ne peut laisser aucun doute (l. 16, Dig., liv. 23, tit. 5).

Tryphoninus auquel ce texte a été emprunté ajoute que s'il y a négligence coupable de la part du mari, pour ne

(1) Les Romains n'admettaient pas d'interruption civile de la prescription.

pas avoir interrompu en temps utile l'usucapion, il en sera responsable envers sa femme ; mais qu'on ne pourra pas l'en rendre responsable si l'usucapion s'est accomplie peu de jours après la constitution de dot.

La loi Julia défend encore les aliénations partielles résultant de concessions de droits qui sont des démembrements du droit de propriété : le mari ne peut donc grever le fonds dotal ni d'un droit d'usufruit, ni de servitudes prédiales.

Par application de la loi Julia, il a dû être décidé lorsque l'hypothèque s'est introduite dans le Droit romain, que le mari ne pourrait pas grever le fonds dotal d'hypothèque sans le consentement de sa femme. C'est là, à notre avis, tout ce que veut dire Gaius par le mot *obligare* dans la loi 4 *de fundo dotali*, invoquée à tort par les partisans du système qui attribue à la loi Julia la prohibition absolue d'hypothéquer le fonds dotal, même avec le consentement de la femme.

Réciproquement le mari ne peut pas renoncer aux servitudes actives personnelles ou prédiales qui font partie de la dot, il ne peut pas les aliéner en les transférant; enfin, pour les raisons que nous avons déjà données, il ne peut pas les laisser éteindre *non utendo* (l. 5, Dig. liv. 23, tit. 5).

Il y a cependant un cas dans lequel un usufruit dotal peut s'éteindre par le non usage : c'est celui où la femme a constitué *dotis causâ* un droit d'usufruit au profit de son mari sur un de ses immeubles. Le jurisconsulte Tryphoninus (l. 78, § 2, D. XXIII, 3) nous apprend que dans ce cas l'usufruit peut s'éteindre *non utendo*. Ce qui semble motiver cette décision, ce sont ces mots qui la précèdent : « *Tunc ex mariti personâ erit ususfructus proprie.* » Cet usufruit est un bien tout-à-fait personnel au mari ; s'il s'éteint *non utendo*, la femme n'aura pas à en souffrir : or l'inaliénabilité dotale n'ayant été établie qu'en faveur de la femme, il n'y a pas lieu de l'appliquer ici : tel est, croyons-nous, le raisonnement du jurisconsulte que nous venons de citer (l. 78, § 2, Dig., liv. 23, tit. 3).

D'après ce raisonnement, rien ne s'opposerait à ce que le mari non-seulement laissât éteindre l'usufruit *non utendo* mais même y renonçât expressément : mais alors nous nous heurterions à d'autres principes relatifs à l'interdiction des donations entre époux et à la restitution anticipée de la dot; c'est une question que nous aurons à examiner plus loin.

La loi Julia doit donc être interprétée aussi largement que possible, « *plenius interpretanda est,* » dit Gaius, et appliquée à toutes les aliénations, quelles qu'en soient la forme et l'étendue.

Nous lisons cependant dans un texte de Paul inséré au Digeste (l. 1, *de fundo dotali*), qu'il y avait deux sortes d'aliénations qui échappaient à ses prohibitions : c'étaient :

1° Les aliénations nécessaires, c'est-à-dire celles qui étaient faites sans l'intervention de la volonté du mari et même malgré lui : Paul cite à titre d'exemple le cas où le mari ayant refusé la *cautio damni infecti* à un voisin, celui-ci a demandé et obtenu l'envoi en possession du bien dotal.

A cet exemple, on pourrait ajouter celui où le mari est poursuivi par l'action *communi dividundo* ou *familiæ erciscundæ* par un co-propriétaire indivis de l'immeuble dotal (l. 78, § 4, Dig., liv. 23, tit. 3, et l. 2; Code, l. 5, tit. 23).

2° Les aliénations universelles, celles qui sont faites, par exemple, par voie de succession ou à la suite d'une adrogation.

Mais ici le jurisconsulte a soin de faire remarquer que

5

celui à qui est faite cette transmission universelle recueille le bien dotal tel qu'il est, c'est-à-dire frappé d'inaliénabilité, et il ne peut l'aliéner que dans les conditions où le mari l'aurait pu lui-même.

Remarquons, au surplus, que quant à l'héritier, il est tenu de l'action en restitution de la dot dès le moment même où son droit s'est ouvert.

Un autre texte du même jurisconsulte nous fait connaître une autre restriction d'un genre différent aux effets de la prohibition de la loi Julia : « *Totiens non potest alienari fundus quotiens mulieri actio de dote competit, aut omnimodo competitura est.* » (L. 3, § 1, Dig., liv. 23, tit. 5.) Ce qui signifie que l'inaliénabilité dotale ayant été établie dans l'intérêt de la femme, toutes les fois que celle-ci est désintéressée, il n'y a pas lieu de l'appliquer.

Les difficultés qui se présentent à l'esprit à la lecture de ce texte supposent connues les règles sur la restitution de la dot. Toutefois, nous pouvons, avant d'avoir exposé ces règles, dire d'une manière générale que, quelque soit la situation de fait que l'on suppose, à moins qu'il ne s'agisse d'une dot *réceptice*, il est toujours, tant que dure le mariage, impossible de prévoir si la dot devra être restituée et si elle devra l'être à la femme. Supposons, par exemple, que la dot ait été constituée par le père : il est certain qu'elle devra être restituée (1) ; mais à qui ? Cela dépend des événements : si le mariage se dissout par le divorce ou le prédécès du mari, la restitution devra être faite à la femme ; si le mariage, au contraire, se dissout par la mort de la femme, c'est au père que la dot devra être restituée ; nous serons

(1) Excepté cependant le cas où le constituant étant mort le premier, le mariage a été ensuite dissous par la mort de la femme.

alors dans le cas prévu par notre texte : la femme étant désintéressée, la loi Julia ne s'appliquera pas et l'aliénation sera valable.

Il résulte de cette théorie que la validité de l'aliénation de l'immeuble dotal restait en suspens tant que durait le mariage. Il y a cependant des interprètes du Droit romain qui accordent au mari le droit de revendiquer l'immeuble aliéné pendant le mariage ; cette opinion nous paraît difficile à concilier avec la loi 3 *de fundo dotali.*

Notons, en terminant ce que nous avions à dire sur la loi Julia, une bizarrerie comme il n'est pas rare d'en rencontrer dans le Droit romain, toujours soumis à la rigueur des principes :

C'est dans l'intérêt propre de la femme que la loi Julia a édicté l'inaliénabilité de la dot, il semble donc que ce soit à elle d'invoquer la nullité de l'aliénation faite au mépris de cette loi, et qu'elle seule doive être juge de la question de savoir si elle profitera de la protection qui lui est accordée.

Mais il n'en était pas ainsi. Voici comment raisonnaient les Romains : l'aliénation a été faite en violation de la loi Julia, elle est nulle ; le mari, qui était propriétaire, a gardé ce titre ; c'est donc à lui d'agir, et il agira non par une action personnelle, mais par l'action en revendication.

La théorie de la distinction des nullités relatives et des nullités absolues est une théorie toute moderne. Les Romains ne la connaissaient pas.

Nous arrivons aux réformes de Justinien. Elles furent faites dans le même esprit et dans le même sens que celles de la loi Julia, dont elles ne sont que le développement. Nous nous bornerons donc à les mentionner en nous référant au texte dans lequel Justinien nous les fait connaître (Pr., liv. II, tit. VIII, Inst.) : Justinien décida :

1° Que les aliénations, comme les hypothèques, seraient prohibées même avec le consentement de la femme ;

2° Que ces prohibitions s'appliqueraient aux immeubles provinciaux comme aux immeubles italiques.

Ce n'est donc plus un simple obstacle consistant dans une sorte d'incapacité pour le mari d'agir sans l'assentiment de sa femme, c'est une véritable indisponibilité absolue, réelle, frappant l'immeuble lui-même, l'immobilisant dans les mains du mari, et protégeant la femme contre sa propre faiblesse.

C'est ce système qui, après s'être conservé à travers le moyen âge, a pénétré dans notre Code civil et dont la faveur s'accroît de jour en jour, même dans les anciens pays coutumiers, qui voulaient, lors de la confection du Code, le bannir de notre législation.

SECTION III

Restitution de la dot.

Nous avons traité ailleurs la partie historique de ce sujet ; il nous reste à exposer le système de la restitution de la dot à l'époque classique où il est complétement organisé ; puis, sous Justinien, où il reçut de nombreuses et importantes modifications.

Nous nous proposons d'être très-bref sur ce sujet, qui n'est dans l'étude de la condition de la femme mariée qu'un point de vue tout à fait spécial et restreint, mais que nous ne pouvons cependant négliger complétement à raison de son importance.

Pour que l'action en restitution de la dot s'ouvre, il faut avant tout que le mariage soit dissous.

Le mariage était dissous, en Droit romain, par la mort où la *maxima capitis deminutio* de l'un des époux ou par le divorce.

Il suit de là : 1° que la femme ne peut pas, pendant le mariage, exiger la restitution de sa dot : à moins cependant qu'elle ne soit gravement compromise par le désordre des affaires du mari, auquel cas le préteur donne à la femme une action *rei uxoriæ* fictice, comme s'il y avait eu divorce (1); 2° que le mari ne peut pas restituer la dot pendant le mariage.

Cette règle comporte un certain nombre d'exceptions énumérées par Paul dans les termes suivants : « *Manente matrimonio non perdituræ uxori ob has causas dos reddi potest : ut sese suosque alat, ut fundum idoneum emat, ut in exilium, ut in insulam relegato parenti præstet alimonia, aut ut egentem virum, fratrem sororemve sustineat* » (L. 73, Dig., *de jure dotium.*)

Un autre texte du même jurisconsulte, la loi 20 *soluto matrimonio,* énumère à peu près dans les mêmes termes les mêmes causes d'exceptions en y ajoutant une autre cause : « *Ut as alienum solvat,* » et en motivant d'une manière générale ces exceptions : « *Quia justa et honesta causa est, non videtur malè accipere : et ideo recte ei solvitur.* »

(1) Ulpien, l. 24 Dig. *Soluto matrimonio.*

Sans insister sur ces exceptions, revenons à notre règle et demandons-nous quelle est sa raison d'être et quelle est sa sanction ; ces deux questions vont s'éclaircir l'une par l'autre.

La sanction de notre règle consiste :

1° En ce que le mari, qui a indûment restitué la dot pendant le mariage, peut la réclamer avec tous les fruits que la femme a perçus depuis la restitution (l. unic., Code, liv. 5, tit. 19) ;

2° En ce que cette restitution n'a pas libéré le mari, qui, à la dissolution du mariage, pourra être poursuivi par sa femme (l. 27, § 1, Dig., liv. 11, tit. 7, et l. 1, § 5, Dig., liv. 33, tit. 4).

Cette double sanction est une preuve suffisante, à notre avis, que cette prohibition de restitution anticipée de la dot a son origine ailleurs que dans l'interdiction des donations entre époux. En effet, lorsque, en vertu de cette interdiction, l'époux donateur demande la restitution des choses données, il n'a pas droit à la restitution des fruits qui restent définitivement acquis à l'époux donataire. En second lieu, nous remarquons que la nullité des donations entre époux a été créée dans l'intérêt du donateur ; la prohibition de restituer la dot pendant le mariage au contraire existe dans l'intérêt de la femme : on suppose que les biens dotaux sont plus en sûreté dans les mains du mari.

C'est en se basant sur cette dernière considération que les auteurs qui se rattachent au système que nous venons d'exposer prétendent que la défense de restituer la dot pendant le mariage doit se rattacher aux lois édictées sous Auguste dans le but de favoriser par tous les moyens la conservation des biens dotaux.

Dans quels cas et à quelles personnes doit être restituée la dot?

C'est ici qu'il importe de rappeler la distinction que nous avons faite entre la dot *profectice* et la dot *adventice*.

La dot profectice doit toujours être restituée, quelque soit le mode de dissolution du mariage : nous exceptons cependant le cas où le constituant étant mort pendant le mariage, le mariage est dissous ensuite par la mort de la femme. La restitution se fait, en principe, au profit de la femme : toutefois, si c'est par sa mort que le mariage a été dissous, la restitution se fait au profit du père qui a constitué la dot : « *Ne et filiæ et pecuniæ amissæ damnum sentiat,* » nous dit Pomponius.

La restitution de la dot adventice n'était due qu'à la femme : si donc elle prédécédait, le mari restait définitivement propriétaire des biens dotaux. Il en arrivait de même lorsque la femme, pouvant exiger la restitution de sa dot, venait à mourir avant d'avoir intenté son action ou d'avoir constitué le mari *in morâ*.

Quant à la dot *réceptice,* c'est-à-dire celle dans la constitution de laquelle une clause de retour avait été introduite, la restitution en était poursuivie par l'action *ex stipulatu* ou par l'action *præscriptis verbis,* suivant que la clause de retour avait été faite par stipulation ou par un simple pacte.

Ce que nous savons des pouvoirs du mari sur les biens dotaux nous donne la mesure de ce qui devait être compris dans la restitution de la dot. Nous savons quels biens le mari devait rendre en nature, ceux dont il ne devait que l'estimation; nous savons aussi dans quels cas les risques devaient être supportés par le mari et dans quels cas ils restaient à la charge de la femme. Nous nous exposerions, en revenant sur ces questions, à des redites inutiles.

Mentionnons seulement le droit qu'avait le mari d'exercer dans certains cas des retenues sur les biens dotaux. Il y avait cinq causes de retenues :

1° *Propter liberos;* en cas de divorce provoqué par la femme ou son *paterfamilias,* le mari pouvait garder un sixième par enfant, mais sans pouvoir dépasser la moitié de la dot. C'était un droit de rétention proprement dit, le mari n'avait pas d'action.

2° *Propter mores;* retenue d'un sixième en cas d'adultère de la femme, et d'un huitième pour une faute moins grave;

3° *Propter impensas;* retenue de la totalité des dépenses *nécessaires* faites par le mari sur les biens dotaux, et des dépenses *utiles* jusqu'à concurrence de la plus value.

4° *Propter res donatas;* retenue des choses que le mari a données à sa femme malgré la prohibition.

5° *Propter res amotas;* retenue d'une valeur égale à celle des choses que la femme aurait détournées en vue du divorce, pour lui éviter d'intenter contre elle l'action *rerum amotarum.*

Enfin le mari soumis à l'action en restitution de la dot jouit du *bénéfice de compétence.*

Les délais dans lesquels devait s'opérer la restitution variaient suivant la nature des biens à restituer : s'il s'agissait de corps certains, meubles ou immeubles, la restitution pouvait être exigée dès le jour de la dissolution du mariage; si, au contraire, la dot comprenait des quantités de choses fongibles, le mari avait trois termes d'une année chacun.

Ce que nous venons de dire sur les divers cas de retenues à exercer par le mari, sur le bénéfice de compétence et sur les délais de la restitution, suppose que le mari est poursuivi par l'action *rei uxoriæ*.

Mais il arrivait souvent que la restitution de la dot, ayant été stipulée lors de la constitution, était poursuivie par l'action *ex stipulatu*. Le mari n'avait droit alors ni aux retenues, ni au bénéfice de compétence, ni aux termes de restitution.

Deux autres différences notables existaient entre l'action *rei uxoriæ* et l'action *ex stipulatu* :

1° L'action *rei uxoriæ*, nous l'avons déjà dit, s'éteignait par la mort de la femme survenant avant la mise en demeure du mari; l'action *ex stipulatu* était de plein droit et toujours transmissible aux héritiers;

2° La femme légataire de son mari, devait opter entre le legs ou la restitution de sa dot, sans pouvoir exiger l'un et l'autre; mais s'il y avait eu stipulation de restitution, elle pouvait cumuler la demande de son legs et son action *ex stipulatu*.

En résumé, l'action *rei uxoriæ* était une action de bonne foi et l'action *ex stipulatu* une action de droit strict.

Pour assurer la restitution de sa dot, la femme avait un *privilegium inter personales actiones*, c'est-à-dire un droit de préférence, lui permettant de se faire payer avant les autres créanciers du mari. Ce privilége qui remonte vraisemblablement à Auguste, avait encore pour but de favoriser les mariages en conservant la dot des femmes. Il avait par conséquent pour base un intérêt d'ordre public, et la femme ne pouvait pas y renoncer pendant le mariage.

Il était pour la même raison personnel à la femme et ne

passait pas à ses héritiers dans les cas où ceux-ci recueillaient son action en restitution.

Les réformes de Justinien en cette matière, tendent au même but que celles dont nous avons déjà parlé : restreindre les droits du mari sur la dot, et étendre ceux de la femme.

Elles ne sont pas inspirées par les mêmes intentions que celles d'Auguste dont elles ne sont cependant que la suite et le complément. Auguste cherchait dans ses réformes un moyen de favoriser les mariages. Celles de Justinien ne semblent pas dictées par un intérêt pratique aussi immédiat, mais par une conception encore vague et peu précise d'un système plus parfait qu'il cherche à organiser. A mesure qu'on s'éloignait davantage de l'origine de la dot et de la *manus*, on comprenait que la dot de la femme doit rester sa propriété, que le mari ne doit avoir sur elle que les droits nécessaires pour en retirer les services auxquels elle est destinée, et que le législateur doit se persuader avant tout, en réglementant cette importante institution, que la dot est constituée dans l'intérêt de la famille et non dans l'intérêt du mari.

Une première réforme consiste dans la fusion opérée par Justinien des deux actions *ex stipulatu* et *rei uxoriæ* en une seule action d'un caractère mixte. La constitution qui contient cette réforme est de l'année 530 et a été insérée au Code de Justinien (Loi un. Code *de rei uxoriæ actione)*.

La restitution de la dot doit avoir lieu dans tous les cas, quel que soit le mode de dissolution du mariage, comme s'il y avait eu stipulation.

La nouvelle action sera comme l'ancienne action *rei uxoriæ*, une action de bonne foi.

Il n'y aura plus lieu à retenues si ce n'est *propter impensas necessarias*. Le mari conserve le bénéfice de compétence. La femme légataire du mari pourra demander cumulativement sa dot et son legs. Enfin le délai de restitution est d'un an pour les meubles quels qu'ils soient ; les immeubles doivent être restitués immédiatement.

Nous trouvons au Code une autre constitution de Justinien que nous avons déjà eu occasion de citer et qui caractérise plus énergiquement encore que la précédente les tendances de cet empereur, c'est la loi 30 c. *de jure dotium*. Justinien imaginant en faveur de la femme une sorte de propriété naturelle, lui accorde le droit de revendiquer ses biens dotaux contre son mari, et même contre les tiers possesseurs lorsqu'ils ont été indûment aliénés, et qu'il n'a pas pu se produire de translation de propriété.

Cette prétendue revendication ne pouvant pas être exercée contre les tiers acquéreurs, n'était en réalité qu'une action réelle d'une nature spéciale accordée à la femme, pour la soustraire au concours des créanciers chirographaires du mari, et ayant la plus grande analogie avec l'action hypothécaire. Il n'en est pas moins vrai que cette réforme a une importance considérable, sinon quant aux effets immédiats qu'elle a produit, du moins quant aux tendances qu'elle manifestait.

Justinien après avoir décidé que la femme aurait toujours droit à la restitution de sa dot, a complété ses réformes en augmentant les garanties propres à assurer cette restitution.

Une première constitution, la même dont nous venons de parler (30 c. *de jure dotium*), accorde à la femme, au lieu du *privilegium inter personales actiones* du droit classique, une hypothèque privilégiée sur tous les biens dotaux, meubles ou immeubles, estimés ou non. Cette hypothèque permet à la femme de poursuivre ces biens entre les mains des tiers acquéreurs, pourvu qu'elle n'ait pas consenti à l'aliénation.

L'année suivante, une autre constitution accorda à la femme ou à l'ascendant qui a constitué la dot, une hypothèque générale sur tous les biens du mari, prenant rang du jour du mariage (l. un. C. liv. 5, tit. 13).

Enfin dans une constitution célèbre connue sous le nom de loi *Assiduis* (l. 12 C. liv. 8, tit. 18), Justinien, exagérant son système de faveur pour la conservation de la dot, décida que cette hypothèque générale serait privilégiée et que la femme serait préférée à tous les créanciers hypothécaires du mari, même antérieurs au mariage. C'était là, assurément, une injustice criante qu'aucune considération ne saurait justifier.

Cette faveur exorbitante n'appartenait qu'à la femme elle-même et était refusée à tout autre constituant : ce qui a fait supposer que les influences féminines n'étaient peut-être pas étrangères à cette décision de Justinien. Cette supposition devient encore plus vraisemblable lorsqu'on voit les précautions oratoires de l'empereur, et la série de mauvaises raisons qu'il entasse au début de sa constitution pour justifier une décision qu'il sait très-bien être injustifiable.

SECTION IV

Des biens paraphernaux et de la capacité de la femme mariée.

Les paraphernaux sont les biens que la femme a exclus de sa constitution de dot, et dont elle a gardé la libre disposition, la jouissance et l'administration.

Nous avons ajourné jusqu'à ce moment l'étude de la capacité de la femme mariée, parce qu'il nous a semblé que cette étude se confondait avec celle de la condition des paraphernaux, qui sont les seuls biens sur lesquels cette capacité puisse s'exercer.

Remarquons d'abord que l'idée de paraphernalité et de capacité de la femme exclut formellement toute idée de mariage avec *manus*. Nous savons que la femme *in manu*, de même que celle qui est soumise à la puissance paternelle n'a pas de patrimoine et est frappée d'une incapacité absolue. Nous ne parlons donc ici que du mariage libre.

Sous ce régime, la capacité civile de la femme est absolue et ne reçoit aucune atteinte de la puissance maritale. Il n'y a rien en Droit romain qui ressemble à l'autorisation maritale organisée par notre Code. La femme propriétaire de ses paraphernaux les aliène seule soit à titre gratuit, soit à titre onéreux : la seule restriction apportée à ce droit illimité de disposition consiste dans l'interdiction de les donner à son mari.

Nous avons, à cette occasion, quelques détails à donner sur cette prohibition des donations entre époux. Elle remonte à une époque qu'il est difficile de préciser, mais qui est certainement postérieure à l'an 550 de la fondation de Rome, car la loi Cincia qui date de cette époque, s'occupe de réglementer ces donations. On la place généralement à la fin de ce ve siècle ou au commencement du vi[e]. Le fondement de cette prohibition était, comme il l'est encore aujourd'hui dans notre législation, la crainte d'une influence exagérée ou de pressions illégitimes, à raison de la situation respective des deux parties.

Pour que la libéralité tombât sous l'empire de la prohibition, il fallait qu'elle eût le caractère d'une véritable donation, c'est-à-dire d'un acte ayant pour résultat d'enrichir le donataire d'une valeur dont le donateur s'appauvrissait. Ainsi un époux institué héritier conjointement avec son époux pouvait renoncer à l'hérédité en sa faveur; mais il n'aurait pas pu, après avoir fait adition, transférer par donation à son époux les biens ainsi acquis (l. 5, § 5, Dig., liv. 24, tit. 1).

Cette prohibition ayant été instituée dans l'intérêt du donateur, celui-ci pouvait réclamer les choses données par revendication, ou si elles avaient été aliénées en demander la valeur par une *condictio*. Mais il n'avait pas droit à la restitution des fruits, leur perte ne constituant pas pour lui un appauvrissement.

Un sénatus-consulte, rendu sous Caracalla vers l'an 206 de l'ère chrétienne, décida que les donations entre époux seraient valables, mais révocables jusqu'à la mort du donateur.

La révocation résultait soit d'une déclaration expresse, soit même d'un acte par lequel le donateur disposait du bien donné en l'aliénant, en le donnant en gage ou en le grevant d'hypothèque.

Le prédécès du donataire avait aussi pour effet de rendre la donation caduque.

Revenons à la capacité de la femme mariée.

Nous avons vu qu'elle pouvait librement aliéner ses paraphernaux. Sa capacité n'était pas moins illimitée en ce qui concerne le droit de s'obliger : ses obligations étaient valablement contractées sans l'intervention ni l'autorisation de personne.

Quelques difficultés peuvent s'élever en cette matière, quant aux droits des créanciers sur les biens dotaux. Si, par exemple, une femme ayant contracté des obligations se constitue plus tard en dot tous ses biens : le mari, recevant dans son patrimoine cette universalité, devra-t-il payer les dettes qui la grèvent? Nous écartons, bien entendu, le cas où les créanciers pourraient demander par l'action Paulienne la nullité de la constitution de dot.

Voici quelle est, en pareille hypothèse, la solution du jurisconsulte Paul : « *Mulier bona sua omnia in dotem dedit : quæro an maritus, quasi heres oneribus respondere cogatur? Paulus respondit eum quidem qui totâ ex reprominione dotis bona mulieris retinuit, a creditoribus conveneri ejus non posse; sed non plus esse in promissione bonorum quam quod superest deducto ære alieno.* » (L. 72, Dig., *de jure dotium.*)

Le mari ne pourra donc pas être poursuivi par les créanciers ; mais comme la femme, en promettant ses biens, ne les a promis que *deducto ære alieno,* elle peut redemander au mari ce qu'elle lui a donné de trop, probablement par une *condictio indebiti.*

Cette solution n'est pas applicable au cas où la dot a été constituée par voie de dation. Les créanciers n'ont alors d'autre ressource que d'attendre la dissolution du mariage, à moins que le mari ne fasse une restitution anticipée, qui, dans ce cas, serait légitime et valable.

Une autre difficulté a été soulevée autrefois quant aux obligations contractées par la femme pendant le mariage. Le payement de ces obligations peut être poursuivi sur les biens paraphernaux, cela n'est pas douteux, et ne peut pas être poursuivi sur les biens dotaux pendant le mariage, c'est encore incontestable ; mais on s'est demandé et on a controversé la question de savoir si ce payement pouvait être poursuivi sur les biens dotaux après la restitution de la dot. Quant à nous, nous n'hésitons pas admettre l'affirmative. La prohibition de la loi *Julia* ne constitue pas une véritable inaliénabilité; c'est uniquement une incapacité qui frappe le mari. Quant à la femme, son consentement suffit à valider l'aliénation : l'inaliénabilité n'existe pas quant à elle, et les biens dotaux rentrant dans son patrimoine subissent le sort commun de tous les autres biens qui le composent.

Si nous nous plaçons sous la législation de Justinien, notre solution change; parce que à cette époque les biens dotaux sont frappés d'une inaliénabilité réelle; la femme est protégée non-seulement contre les prodigalités du mari, mais contre sa propre faiblesse, et cette protection doit s'étendre à tous les actes par lesquels elle pourrait compromettre sa dot.

En résumé, et sauf les effets de l'inaliénabilité dotale, la femme mariée jouit d'une capacité pleine et entière et à laquelle la puissance maritale n'impose aucune limite.

DROIT COUTUMIER

Avant d'arriver à l'étude du Droit coutumier proprement dit, nous pensons qu'il ne sera pas inutile de dire quelques mots de la condition des femmes mariées chez deux peuples dont les lois ont exercé une certaine influence sur notre législation : nous voulons parler des Gaulois et des Germains.

Il existait dans la famille germaine une puissance analogue à celle qui appartenait au chef de la famille romaine. Cette puissance se nommait *mundium*. Le mariage n'était, à l'origine, qu'une translation du *mundium* faite par le père de la femme au mari, en échange d'un prix que celui-ci lui payait. Plus tard, le prix fut payé non plus au père, mais à la femme, et fut considéré comme une dot que le mari lui apportait. Outre cette dot, prix du *mundium*, le mari devait faire à sa femme, le lendemain du mariage, un don qui s'appelait *morgengab* : ce mot signifie : Don du matin. C'était le prix de la virginité de la femme ; la veuve n'y avait pas droit.

La femme apportait au mari, dès que celui-ci avait acquis le *mundium*, tous les biens qui lui appartenaient.

Tacite, qui nous a fait connaître ces détails (1), nous apprend aussi quel était le caractère de la puissance maritale chez les Germains. Le *mundium* ne ressemblait pas à la *manus* romaine : la femme germaine était l'associée et la compagne de son mari plutôt que sa chose ; et celui-ci, quoiqu'il eût des droits très-étendus sur elle, était, en fait, plutôt son protecteur que son maître.

Chez les Gaulois, d'après Jules César (2), la puissance du mari sur sa femme et ses enfants était absolue : « *Viri in uxores, sicuti in liberos, vitæ necisque habent potestatem.* »

Le régime des biens, au contraire, faisait à la femme une condition bien supérieure ; elle était l'égale de son mari : chaque époux faisait un apport pour composer le patrimoine commun de la famille. Ce patrimoine se grossissait de toutes les acquisitions et bénéfices réalisés pendant le mariage.

Beaucoup d'auteurs voient dans cet usage l'origine de notre régime de communauté. Mais le régime gaulois en différait essentiellement en ce que la masse formée par les apports et les acquêts, au lieu de se partager, appartenait en entier au survivant des époux.

Nous trouvons donc chez ces deux peuples, avant même que le christianisme y eût pénétré, le germe de l'idée d'égalité dans la condition du mari et de la femme : nous le trouvons chez les Germains dans l'organisation et le caractère de la puissance maritale, et chez les Gaulois dans le régime des biens.

Après ce court aperçu, nous abordons l'étude du Droit coutumier.

---

(1) *De moribus Germanorum* XVIII et XIX.
(2) *Commentaires* VI, 19.

Ici, l'étude de la condition de la femme mariée se dédouble, et doit, pour être complète, comprendre deux éléments : l'un fixe, invariable, réglé par la loi, et résultant de la puissance maritale ; l'autre variable, abandonné au libre choix des parties, et dépendant du régime matrimonial qu'elles ont voulu adopter.

Nous allons étudier successivement ces deux éléments de la condition de la femme mariée.

La puissance maritale, telle que nous la comprenons aujourd'hui, n'existait pas en Droit romain ; et la condition de la femme mariée était laissée à la discrétion complète des époux, qui pouvaient, suivant qu'ils faisaient ou non *conventio in manum*, laisser la femme tout à fait indépendante de son mari, ou la mettre à son égard dans une dépendance complète, qui en faisait presque sa chose.

L'idée première de cette puissance et les principes qui ont présidé à sa formation et à son organisation lente à travers les siècles ont leur origine dans le christianisme.

Le paganisme en avait fait un droit pour le mari, établi uniquement en sa faveur, et n'ayant d'autre but que de mettre la femme sous sa domination comme les autres membres de la famille. Le christianisme, voyant dans la femme la compagne de l'homme et non son esclave et voulant faire sa condition égale en dignité à celle du mari, a fait de la puissance maritale un pouvoir de protection, institué et organisé dans l'intérêt des deux époux, donnant des droits et imposant des devoirs à chacun d'eux.

Cette influence des doctrines chrétiennes sur la condition de la femme mariée s'exerça, dès l'origine, d'une manière très-sensible sur l'élément purement moral de cette condition : la femme, dégradée par la corruption des derniers siècles de Rome, recouvra sa dignité par la sanctification du mariage dont le christianisme avait fait un sacrement; elle reprit sa place au foyer domestique et partagea avec son mari la puissance paternelle.

L'élément juridique de la condition de la femme mariée ne subit pas aussi facilement l'influence de la morale chrétienne, et pendant plusieurs siècles après la chute de l'empire romain la puissance maritale fut encore, à ce point de vue, considérée comme existant dans l'intérêt du mari.

Il en était encore ainsi au XIIIe siècle. Nous lisons, en effet, dans Beaumanoir (*Cout. de Beauvoisis*, ch. XXXIV, 50) que les obligations contractées par la femme seule, soit pendant, soit même avant le mariage, ne sont pas opposables au mari. Il résulte de là : 1° que le mari n'a pas d'action pour demander la nullité des obligations contractées par la femme au mépris de sa puissance; il n'a qu'une exception à opposer au créancier qui le poursuit; 2° qu'il peut opposer cette exception même aux créanciers qui ont traité avec la femme avant le mariage, et 3° que dès que le mariage est dissous, les obligations contractées par la femme même pendant la durée du mariage redeviennent valables, n'étant plus sous le coup de l'exception du mari.

C'est assurément une singulière et bien défectueuse organisation de l'incapacité de la femme mariée. Il ne faut pas s'en étonner : rien de semblable n'avait existé jusqu'alors. Poursuivons et nous allons constater les progrès de la législation coutumière sur ce point.

Au XVe siècle, le *Grand Coutumier de Charles VI* exige que la femme, pour ester en justice, soit autorisée de son mari. Les interprètes et la jurisprudence durent étendre cette prescription aux autres actes faits par la femme. En cas d'absence du mari, la femme pouvait agir avec autorisation de la justice. Voilà l'idée de l'intérêt exclusif du mari qui commence à faire place à l'idée de protection de la femme. Mais il n'est encore rien dit du cas où le mari présent refuse l'autorisation. Il est probable qu'alors la femme était dans l'impossibilité d'agir.

Au xvie siècle, époque de la rédaction des coutumes, la théorie de l'incapacité de la femme mariée est à peu près formée. Il n'est plus question, évidemment, de la nullité des actes antérieurs au mariage. La première rédaction de la coutume de Paris, faite au commencement du siècle (1510), était muette sur le point de savoir si la femme pouvait invoquer elle-même la nullité des actes faits par elle sans l'autorisation de son mari. C'est à Dumoulin que revient, en grande partie, l'honneur d'avoir fait triompher la solution affirmative, et d'avoir ainsi porté le dernier coup à la puissance maritale païenne établie uniquement dans l'intérêt du mari.

La seconde rédaction de la coutume de Paris, faite à la fin du même siècle (1580), consacra formellement cette doctrine (art. 223), et décida, dans le même esprit, que, en cas de refus du mari, la femme pourrait agir avec l'autorisation de justice.

La coutume de Paris n'accordant qu'au mari et à la femme le droit de demander la nullité des actes faits par cette dernière sans autorisation, et ne disant rien des tiers, on s'est demandé s'il ne fallait pas néanmoins voir, dans cette nouvelle théorie, une nullité d'ordre public, c'est-à-dire absolue, et pouvant être invoquée par toute personne intéressée.

Il nous paraît impossible, après avoir suivi la marche de

l'organisation de l'incapacité de la femme mariée, d'admettre ce système. Les seuls éléments dont nous ayons constaté l'existence dans cette organisation sont la protection de la femme et la puissance maritale. La femme qui n'a pas été protégée, ou le mari dont l'autorité a été méconnue, ont seuls le droit d'agir en nullité; et il serait tout-à-fait contraire à la pensée du législateur d'autoriser le tiers co-contractant, lorsque la femme aura fait seule un acte que son mari et elle-même considèrent comme avantageux, à demander la nullité de cet acte.

C'est sur cette observation que Ferrière repousse le système que nous combattons en ce moment.

Lebrun professait la même opinion; il voyait dans l'art. 223 de la coutume de Paris « un privilégé du mari et de sa femme. »

Il nous semble que prétendre voir dans l'art. 223 une nullité radicale, c'est méconnaître formellement les aspirations et les idées de Dumoulin qui en a été l'inspirateur. Dans l'esprit de Dumoulin, la réforme qu'il proposait était une brèche faite à l'ancienne puissance du mari, trop autocratique et trop absolue. En faisant de la nullité de l'art. 223, une nullité d'ordre public, on tend, au contraire, à donner à cette puissance une importance beaucoup plus considérable, et uniquement dans l'intérêt du mari; car il est bien certain que ce n'est pas lorsque la femme aura manqué de protection et aura fait un acte désavantageux pour elle, que son co-contractant agira en nullité; c'est lorsque l'acte lui aura été peu favorable; et alors l'idée qu'il met en avant pour demander la nullité, n'est autre que celle-ci : il est contraire à l'ordre public qu'une femme refuse de se soumettre à la suprématie de son mari et cherche à se soustraire à sa puissance; idée complétement étrangère à la protection de la femme, et en opposition évidente avec les aspirations de Dumoulin.

La plupart des auteurs contemporains professent l'opinion que nous venons de combattre.

Nous pouvons, cependant, invoquer à notre appui, l'autorité de notre savant professeur, M. Chambellan, qui voit dans l'art. 223 de la coutume de Paris, une nullité purement relative, et enseigne que l'art. 225 du Code civil n'a introduit aucune innovation, et n'a fait que consacrer la théorie de notre ancien droit.

Nous avons distingué dans l'étude de la condition de la femme mariée, un second élément ayant trait exclusivement à ses biens, et que nous avons nommé le régime matrimonial.

Cette distinction, que nous avons indiquée plus haut sans y insister, ne peut être faite qu'à partir d'une époque de beaucoup postérieure à la chute de l'empire romain et au développement du christianisme. Pendant plusieurs siècles, le régime matrimonial est lui-même un élément de la puissance maritale, fixé et réglé d'avance par les lois ou les usages du pays, et auquel les conventions des parties ne peuvent rien changer. « Si tost comme mariage est fes, dit Beaumanoir (XXI, 2), li biens de l'un et de l'autre sont communs par le vertu du mariage. »

Ce n'est que lentement que s'introduisit l'usage de modifier par des conventions les règles du régime matrimonial adopté par la coutume du pays. Cette faculté s'élargit de plus en plus à mesure que la puissance maritale changeait de caractère et tendait à être considérée comme existant aussi bien dans l'intérêt de la femme que dans celui du mari. Enfin, au XVIe siècle, lorsque la doctrine de Dumoulin eut définitivement triomphée et eut été consacrée par les rédacteurs de la coutume de Paris, le principe de la liberté des conventions matrimoniales fut proclamé, et le régime matrimonial devint définitivement indépendant de la puissance maritale.

Le régime de droit commun dans les coutumes était la communauté : c'était une sorte de société formée entre les époux et donnant à la femme le droit de prendre sa part dans les bénéfices ou les économies réalisées pendant le mariage, et même, plus tard, de confondre ses biens avec ceux de son mari, dans une masse commune destinée à subvenir aux besoins de la famille, et à être partagée entre les époux, à la dissolution du mariage, avec tous les biens dont elle se serait accrue.

C'était l'application aux intérêts pécuniaires des époux de l'idée chrétienne du mariage, faisant de la femme en même temps que la compagne de l'homme, son associée, travaillant avec lui à la prospérité du patrimoine de la famille et recueillant avec lui le fruit de leurs efforts communs.

Aucune institution semblable n'existait avant le christianisme. Nous avons examiné, dans notre thèse de Droit romain, tout ce qu'il y a d'inexact, malgré quelques apparences de vérité, dans la théorie qui assimile le régime de communauté au régime romain de la *manus*. Il est inutile d'insister pour montrer combien la condition de la femme sous ces deux régimes est dissemblable : la *manus* supprime sa personnalité et en fait presque la chose du mari, la communauté en fait son associée, presque son égale.

Nous ne pensons pas non plus qu'il faille chercher l'origine de la communauté dans le mariage gaulois. Nous y trouvons bien un apport de chaque époux, mais il ne s'opère pas de partage ; la masse appartient au survivant. C'est dans le mariage germain, tel qu'il était organisé en dernier lieu, à l'époque où le christianisme a pénétré dans le nord de la Gaule, que la communauté nous semble avoir pris naissance. Ce peuple était, en effet, au témoignage de Tacite, celui chez lequel la condition de la femme mariée se rapprochait le plus de la conception chrétienne, et qui avait le plus de tendances à considérer la femme comme l'égale du mari et à voir dans celui-ci un protecteur et non un maître.

Ce serait une étude intéressante à faire que celle de l'histoire de l'organisation de la communauté. Simple communauté d'acquêts d'abord, elle s'étend dès le XIIIe siècle au patrimoine des époux ; la liberté des conventions, se développant peu à peu, y introduit des principes empruntés aux pays de droit écrit, qui, dans certaines coutumes, finissent par s'implanter ; les pouvoirs d'administration et de disposition du mari s'étendent de plus en plus jusqu'au XVIe siècle, époque où Dumoulin essaie de réagir ; en même temps se développent les mesures destinées à protéger la femme : droit de demander la séparation de biens, droit de renonciation, bénéfice d'inventaire en cas d'acceptation.

Nous ne pouvons insister sur tous ces détails ; nous nous bornerons à remarquer en terminant que l'organisation de la puissance maritale sur les données de la religion et de la morale chrétiennes, et, comme conséquence, l'organisation du régime de communauté, constituent le plus grand progrès que nous ayons à constater dans la condition de la femme mariée depuis les premiers siècles de Rome jusqu'à la législation du Code civil.

Nous n'avons parlé jusqu'ici que des pays de Droit coutumier. Les pays de droit écrit ayant conservé presque intact le Droit romain des derniers temps de l'empire, les idées chrétiennes pénétrèrent plus difficilement et plus lentement dans cette législation organisée ; l'institution de la puissance maritale en fut bannie pendant tout le moyen âge, et la seule règle de la condition de la femme mariée fut le régime matrimonial. Ce régime était le régime dotal tel que nous l'avons vu organisé par les constitutions de Justinien. Le mari était propriétaire des biens dotaux, et la femme perdait tous ses droits sur eux ; quant à ses paraphernaux, elle jouissait d'une pleine et entière capacité, et pouvait en disposer librement sans autorisation maritale.

Peu à peu cependant le principe de la liberté des conventions, et plus tard le mouvement d'unification législative de la France, caractérisé par les ordonnances des rois, fit pénétrer dans le pays de droit écrit la théorie coutumière de la puissance maritale et de l'incapacité de la femme. Nous pouvons citer, à titre d'exemples, l'ordonnance de 1731 (art. 9), qui exige que la femme mariée soit munie de l'autorisation de son mari pour accepter une donation ; et l'édit de Louis XIV, de 1664, qui statue que, dans les pays de droit écrit ressortissant du Parlement de Paris (1), la femme mariée ne pourra pas aliéner ses paraphernaux sans l'autorisation de son mari.

Cette puissance maritale ayant la même origine que celle que nous avons vue s'établir et se développer longtemps avant dans les pays coutumiers devait avoir le même caractère : le mari était le protecteur de la femme, et la puissance maritale lui était donnée dans l'intérêt des deux époux.

(1) C'étaient le Lyonnais, le Forez et le Mâconnais.

Mais si nous considérons le régime matrimonial, la condition de la femme dans les pays de droit écrit nous apparaît toute différente de celle qui lui est faite par le régime coutumier.

Dans le régime dotal, en effet, point d'association, point d'intérêt commun entre les époux. La femme devant prendre sa part des charges du ménage apporte dans ce but au mari certains biens dont les revenus pourront être par lui dissipés ou économisés sans qu'il doive en rendre aucun compte. Quant à ces biens eux-mêmes, ni le mari, ni la femme, ni tous les deux ensemble ne peuvent en disposer. De son côté la femme peut garder une partie de sa fortune, qu'elle administrera seule, et sur laquelle le mari ne pourra prétendre aucun droit.

Les intérêts des deux époux sont donc complétement distincts. On dirait qu'ayant mis tout en commun, leur vie, leurs affections et leurs goûts, leurs joies et leurs douleurs, ils n'ont pas osé pousser leur confiance réciproque et leur dévouement jusqu'à mettre en commun leurs biens. Un pareil système ne pouvait prendre naissance que dans une société païenne. Il est vrai que depuis le moyen âge, et aujourd'hui encore plus que jamais, le régime dotal fait en France des progrès considérables ; mais il faut remarquer qu'il est presque toujours, au moins dans les pays du Centre et du Nord, accompagné d'une clause de communauté d'acquêts qui en modifie considérablement les effets.

DROIT FRANÇAIS

En étudiant la condition de la femme mariée dans le Droit romain, nous avons fait observer que le mariage ne créant par lui-même aucune incapacité et n'entraînant aucune modification essentielle dans la condition de la femme, le seul élément constitutif de la condition de la femme mariée était le régime matrimonial adopté par les époux. Nous avons, en conséquence, étudié successivement cette condition dans le mariage avec *manus*, dans le mariage libre et sous le régime de la dot.

Dans notre étude du Droit coutumier et de la législation des pays de droit écrit, nous avons vu se dessiner insensiblement dans la condition de la femme mariée deux éléments distincts : la puissance maritale et le régime matrimonial.

Dans les pays de droit écrit, la tradition romaine se continuant, la femme mariée reste capable jusqu'à l'époque monarchique et sa condition n'est réglée que par les lois du régime dotal. A cette époque, la théorie de l'autorisation maritale pénètre dans cette législation et ajoute à cet élé-

BIBLIOTHÈQUE NATIONALE R.F. IMPRIMÉS

ment unique et abandonné à la liberté des conventions un second élément fixe et invariable.

Dans les pays coutumiers, la marche se fait en sens inverse : la femme, par ce fait seul qu'elle est en puissance de mari, est à l'origine soumise au régime de communauté. Mais, dès le XVIe siècle, le principe de la liberté des conventions a triomphé ; la femme peut modifier sa condition pour tout ce qui est relatif au régime matrimonial ; mais pour tout ce qui est du ressort de la puissance maritale et résulte directement et de plein droit de son état de femme mariée, sa condition est irrévocablement fixée par la loi elle-même.

Le Code civil a reproduit cette distinction, et aujourd'hui, lorsqu'une femme contracte mariage, les modifications que subit sa condition peuvent être rangées en deux classes : les unes résultant du mariage et de ce fait que la femme va vivre désormais en puissance de mari ; les autres résultant des conventions matrimoniales et du régime choisi par les époux.

Ce second élément de la condition de la femme mariée nous ayant paru le plus important et le plus propre à fournir la matière d'études intéressantes et utiles, nous nous proposons d'en faire le sujet principal de notre travail.

Ne pouvant cependant négliger complétement l'étude de la puissance maritale, nous consacrerons un premier chapitre à l'exposition de quelques notions générales sur cette partie de notre sujet. Nous aborderons ensuite l'étude de la condition de la femme mariée sous le régime de communauté, puis sous le régime dotal. Nous parlerons incidemment du régime sans communauté et de la séparation de biens en traitant de divers sujets qui s'en rapprochent, et spécialement de l'usufruit du mari sur les biens dotaux, et des droits de la femme quant à ses paraphernaux.

CHAPITRE PREMIER

Incapacité de la femme mariée.

A l'inverse de la législation romaine qui, après avoir frappé la femme en général, à raison de son sexe, d'un grand nombre d'incapacités, laisse à la femme mariée la condition qu'elle avait avant son mariage, notre droit moderne laisse aux femmes leur capacité pleine et entière, la jouissance et l'exercice de tous leurs droits civils, mais les frappe d'incapacité dès qu'elles ont contracté mariage et les prive de l'exercice des plus importants de leurs droits civils. « Nos coutumes, dit Pothier, ont mis la femme dans une telle dépendance de son mari, qu'elle ne peut rien faire de valable et qui ait quelque effet civil, si elle n'a été habilitée et autorisée par lui à le faire. » (*Traité de la puissance du mari*, nº 2.) Il y a là, évidemment, une exagération de l'incapacité de la femme mariée ; pour un certain nombre d'actes que nous énumèrerons, elle reste capable ; cette exagération n'est qu'une des nombreuses manifestations d'une tendance générale de Pothier à étendre et à rendre plus rigoureux pour la femme les effets de la puissance maritale. Nous préférons prendre pour formule générale de cette incapacité, et sauf explications ultérieures, l'art. 194 de la coutume d'Orléans que Pothier lui-même cite comme l'expression la plus exacte de la législation coutumière sur ce point : « Femme mariée, dit la coutume d'Orléans, ne peut donner, aliéner, disposer, ni aucunement contracter entre vifs, sans autorité et consentement de son mari. » Cette rédaction nous semble de beaucoup préférable à celle de l'art. 217 du Code civil, qui mêle malencontreusement les idées toutes différentes de puissance maritale et de régime matrimonial, qui omet de parler des obligations contractées par la femme, et qui enfin peut donner naissance à des difficultés d'interprétation sur le point de savoir comment doit intervenir l'autorisation maritale.

Mais laissons pour le moment ces difficultés de détail, et, après avoir constaté l'existence dans notre législation d'une incapacité spéciale aux femmes mariées, demandons-nous quel en est le fondement.

La solution de cette question a, au point de vue législatif, une importance capitale : il est certain, en effet, que le législateur qui verra la raison d'être de cette incapacité dans la faiblesse de la femme et le besoin qu'elle a d'une protection efficace, l'organisera et la sanctionnera tout autrement que celui qui n'y verrait qu'une conséquence de la puissance maritale. Aujourd'hui, le législateur a parlé, sa théorie est écrite dans le Code ; nous n'avons qu'à étudier ses décisions pour découvrir quel esprit les a dictées, et à quel point de vue nous devrons nous placer pour interpréter sainement les questions douteuses qui peuvent se soulever.

Dans l'ancien droit, cette théorie n'était organisée nulle part : aussi les opinions des jurisconsultes étaient-elles trèsdivergentes, et les coutumes très-variées. Pothier voyait la cause de l'incapacité de la femme mariée uniquement dans sa soumission au mari et dans la puissance de celui-ci sur sa femme. « Le besoin qu'a la femme de cette autorisation de son mari, dit-il, n'est pas fondé sur la faiblesse de sa raison ; car une femme mariée n'a pas la raison plus faible que les filles et les veuves, qui n'ont pas besoin d'autorisation. »

« La nécessité de l'autorisation du mari n'est donc fondée que sur la puissance que le mari a sur la personne de sa femme, qui ne permet pas à sa femme de rien faire que dépendamment de lui. » (*Loc. cit.*, nº 3.)

Cette théorie tend à nous ramener à la puissance maritale telle qu'elle existait d'après Beaumanoir au XIIIᵉ siècle, et Pothier, pour être conséquent, aurait dû admettre toutes les conséquences que Beaumanoir déduisait de ce principe que l'incapacité de la femme existe dans l'intérêt unique du mari. Il aurait dû, notamment, admettre qu'après la dissolution du mariage, personne ne pouvant attaquer l'acte fait par la femme sans autorisation, cet acte devenait valable : il prétend, au contraire, que l'acte est frappé d'une nullité absolue et définitive. J'avoue que je n'en vois pas le motif (*loc. cit.*, nº 5).

Il devait, en second lieu, décider que rien ne pouvait suppléer l'autorisation maritale : le droit qu'il accorde à la femme d'agir avec autorisation de justice en cas de refus du mari nous semble en opposition formelle avec sa doctrine. La seule conséquence de son système devant laquelle Pothier n'ait pas reculé est celle qui consiste à reconnaître au mari même mineur le droit d'habiliter valablement sa femme ; quoique mineur, il est mari, et comme tel investi de la puissance maritale (*loc. cit.*, nº 30).

Il nous paraît certain que la théorie de Pothier a été rejetée par les auteurs du Code. Nous n'en voulons d'autre preuve que l'art. 225, qui admet la femme à demander la nullité des actes qu'elle a faits sans autorisation.

Dumoulin enseigne une autre théorie d'après laquelle l'incapacité de la femme aurait pour fondement la nécessité d'une administration unique dans l'intérêt commun de la famille. Conséquent avec ses principes, Dumoulin admet qu'en cas de séparation de biens, les intérêts et les biens des deux époux étant entièrement distincts et séparés, il n'y aurait pas lieu à autorisation maritale.

Nous ne pensons pas que ce système soit celui du Code. D'abord, le Code rejette la conséquence dont nous venons de parler, et frappe d'incapacité les femmes séparées de biens comme celles qui sont mariées sous tout autre régime. De plus, la disposition qui permet de remplacer dans certains cas l'autorisation du mari par celle de la justice nous paraît assez peu concordante avec cette théorie. Enfin, il nous semble que si le Code avait considéré l'intérêt commun de la famille, c'est au mari seul, chef de l'administration, qu'il aurait dû donner le droit d'agir en nullité.

Sans insister sur diverses autres théories qui ont été émises, notamment celle de Loysel, qui voit dans la puissance maritale la continuation de la puissance paternelle, nous arrivons à celle qui nous paraît avoir inspiré les rédacteurs du Code.

Il ressort des art. 218, 219, 221, 222, 224 et 225 que les auteurs du Code ont eu en vue, en organisant l'incapacité de la femme mariée, la puissance maritale et la protection de la femme. Toute cette organisation n'est que le développement de l'art. 213 : « Le mari doit protection à sa femme, la femme obéissance à son mari, » telle est l'idée générale.

Ce double point de vue explique de la manière la plus satisfaisante, et sans qu'il reste aucune équivoque, toutes les dispositions de la loi relatives à l'incapacité de la femme mariée :

Le droit attribué à chacun des époux de demander la nullité des actes faits par la femme sans autorisation ;

La faculté de suppléer l'autorisation du mari par celle de la justice, qui est une garantie nécessaire et suffisante pour la femme ;

L'insuffisance de l'autorisation donnée par le mari mineur qui, bien qu'investi de la puissance maritale, ne saurait offrir à la femme une protection efficace et sérieuse.

Une difficulté cependant est soulevée contre ce système. Pourquoi, dit-on, protéger la femme mariée, alors que hors mariage on la considère comme capable de diriger elle-même et seule l'administration de ses biens? Nous répondrons à cette objection par une considération de fait qui n'a certainement pas été étrangère à la décision des auteurs du Code : nous avons dit plus haut que Loysel considérait la puissance maritale comme la continuation de la puissance paternelle ; il y a une grande part de vérité dans cette théorie. La plupart des femmes, en effet, restent sous la puissance ou sous la protection de leur père jusqu'au moment de leur mariage : à ce moment, elles échappent à la puissance paternelle, mais elles trouvent un protecteur dans leur mari ; quant à celles, beaucoup plus rares, qui privées de la protection paternelle n'éprouvent pas le besoin de chercher dans le mariage une nouvelle protection et pensent pouvoir diriger elles-mêmes l'administration de leurs biens, la loi n'a pas voulu les frapper d'incapacité : c'est-à-dire qu'elle a considéré que la femme qui se marie cherche un protecteur, tandis que celle qui vit seule dans le monde manifeste le désir d'être seule maîtresse de la direction de ses affaires.

Après avoir recherché le fondement de l'incapacité de la femme mariée, demandons-nous à quels actes elle s'applique. Il n'est pas rare de rencontrer sur ce point l'affirmation suivante, contre laquelle nous avons déjà lutté, et qui nous paraît absolument fausse, à savoir que l'étendue de l'incapacité de la femme dépend du régime matrimonial adopté par les époux : c'est une violation flagrante du principe que les lois qui règlent l'état et la capacité des personnes ne peuvent être modifiées par les conventions. Nous avons toujours distingué avec soin dans cette thèse la puissance maritale et les conventions matrimoniales.

La femme commune en biens n'est pas plus incapable que la femme séparée de biens : si cette dernière peut administrer ses biens seule, tandis que la première ne le peut pas, cela tient uniquement à ce que la femme commune s'est déchargée de ce soin et l'a remis à son mari, et cela est si vrai que s'il lui arrivait de nouveaux biens dont l'administration lui fût expressément réservée, par donation par exemple, elle serait capable de les administrer tout aussi bien que la femme séparée de biens.

L'étendue de cette incapacité est donc invariable, et les actes pour lesquels l'autorisation maritale est nécessaire sont toujours les mêmes, quelque soit le régime matrimonial adopté par les époux.

L'autorisation maritale est toujours nécessaire à la femme pour ester en justice, soit comme demanderesse, soit même comme défenderesse. Elle est exigée même lorsque l'affaire sur laquelle porte le procès est du nombre de celles que la femme a pu valablement faire sans l'intervention du mari; tel est le cas d'un procès d'une femme commerçante pour un acte relatif à son commerce; tel est encore le cas où une femme séparée de biens est engagée dans un procès relatif à un acte d'administration de ses biens. Une seule exception est consacrée par l'art. 216 pour le cas où la femme mariée est poursuivie en matière criminelle ou de police. La raison de cette exception n'est pas, comme on l'a dit, dans cette observation que la défense est de droit naturel et qu'il ne faut pas l'entraver; ce même motif exigerait que la femme pût défendre à un procès civil sans autorisation du mari. La raison est que si un mari peut avoir de justes motifs pour ne pas permettre à sa femme de présenter sa défense dans un procès civil et d'allonger ainsi inutilement la procédure, il ne peut en avoir aucun pour l'empêcher de se défendre contre une accusation criminelle ou correctionnelle.

L'incapacité de la femme mariée quant aux actes extrajudiciaires n'est pas aussi radicale. Il faut distinguer les actes de disposition et les actes d'administration; les premiers, seuls, exigent l'autorisation du mari; quant aux seconds la femme jouit de toute sa capacité. Il suit de là que toutes les fois que la femme aura par son contrat de mariage soustrait à l'action du mari tout ou partie de son patrimoine, ou qu'il lui adviendra par la suite des biens à l'égard desquels une semblable réserve aura été faite, elle pourra les administrer seule, mais elle ne pourra pas, malgré toute clause tendant à lui attribuer ce droit, en disposer sans l'autorisation du mari; et cela, alors même que le mari n'ayant aucun droit de jouissance sur ces biens, serait personnellement désintéressé. Tels sont les cas où la femme est séparée de biens et a sous sa main tout son patrimoine, celui où étant mariée sous le régime dotal elle s'est réservée des paraphernaux, celui où, sous un régime quelconque, elle a reçu par donation ou testament des biens que le donateur ou le testateur ont formellement soustraits aux pouvoirs du mari.

Des difficultés de détails peuvent s'élever sur le point de savoir si tel acte doit être considéré comme un acte d'administration ou comme un acte de disposition. On peut en général considérer comme actes de disposition les aliénations faites par la femme à titre gratuit ou onéreux, les constitutions de servitudes, d'hypothèques ou d'autres droits réels, les renonciations ou les aliénations de droits semblables existant sur les biens de la femme, les obligations qu'elle contracte, les acceptations de successions qui peuvent être considérées comme un mode particulier de s'obliger, les renonciations à successions que l'on peut assimiler à une aliénation. Tous ces actes en général ne peuvent être valablement faits par la femme qu'avec l'autorisation de son mari.

Quant aux obligations dont elle grève ses biens pendant le mariage, nous avons quelques réserves à faire. Ces obligations peuvent naître de sources diverses, qui sont : les contrats et les quasi-contrats, les délits et quasi-délits, et enfin l'autorité de la loi. Or, si le législateur peut assujettir à des conditions de capacité les engagements qui naissent du concours de la volonté libre des parties, puisque la maturité plus ou moins parfaite et la liberté qu'il suppose à cette volonté sont les éléments de cette capacité, on ne comprendrait pas qu'il en fût de même pour les cas ou l'obligation ne suppose aucune intervention de la volonté et s'est formée indépendamment de cette intervention : et spécialement dans le cas qui nous occupe, comment exiger l'autorisation du mari pour la validité d'obligations que la loi crée elle-même soit directement, soit indirectement, à la suite de certains faits, et qui grèvent la femme peut-être sans qu'elle en ait connaissance? Ainsi, je suppose, en empruntant l'exemple de Pothier, qu'un tiers, en l'absence de la femme, ait fait faire à une maison qui lui appartient en propre des réparations urgentes, la femme, dit Pothier, sera obligée envers lui *ex quasi contractu negotiorum gestorum*, sans que le consentement du mari soit intervenu.

Pour Pothier, la raison de décider ainsi est sans doute que la femme n'a pas méconnu la puissance maritale puisque l'acte d'où est né son obligation a été accompli à son insu : quant à nous, placé à un point de vue différent, nous dirons qu'il n'y a lieu de protéger la femme que contre les actes qui émanent de sa propre volonté et non contre les obligations que la loi lui impose de sa propre autorité.

Une femme mariée a emprunté, sans l'autorisation de son mari, une somme d'argent et s'est obligée à la rendre dans un an. L'obligation qu'elle a contractée est nulle, et le prêteur ne pourrait en cette seule qualité exiger son remboursement ; mais si la femme n'a pu s'obliger valablement par l'effet de sa volonté, la loi, de sa propre autorité, et en vertu du principe d'équité que nul ne doit s'enrichir au détriment d'autrui, la frappe d'une obligation qui n'exige pas l'intervention du mari, et autorise le tiers a exiger par une action de *in rem verso* la restitution de tout ce dont la femme s'est enrichie. Cette obligation est toute différente de celle qui serait née du prêt : d'abord elle ne porte que sur l'enrichissement réalisé par la femme, et ensuite le paiement peut en être poursuivi immédiatement, malgré la clause accordant un délai d'un an pour la restitution. Malgré le nombre considérable et la diversité des cas qui peuvent se présenter, nous ne multiplierons pas les exemples.

Ce principe que l'incapacité ne s'applique qu'aux actes qui supposent l'intervention de la volonté de la femme trouve son application non-seulement dans les obligations qu'elle contracte pendant le mariage, mais aussi dans les autres actes de gestion qu'elle peut faire, et spécialement dans les actes d'aliénation ou d'acquisition. Ainsi, il nous paraît certain que la femme mariée peut sans autorisation de son mari perdre ou acquérir par accession, par occupation, par prescription.

Tout autre est le motif pour lequel les obligations nées des délits ou quasi-délits de la femme peuvent être poursuivies sans que l'autorisation du mari soit intervenue. On ne peut pas dire ici que la volonté de la femme soit étrangère à la naissance de l'obligation. Une double raison nous semble avoir dicté cette exception : c'est d'abord la prédominance à donner au grand principe de responsabilité de l'art. 1382, sur l'idée de protection de la femme mariée : rien n'est plus équitable. C'est en second lieu l'impossibilité où se trouvait le législateur d'appliquer le principe de l'autorisation maritale : il ne pouvait pas exiger que la femme vînt demander à son mari son autorisation avant de commettre un délit; et il eût été immoral et absurde de décider que la femme mariée pourrait impunément délinquer et causer du dommage à autrui, à la condition de n'être pas autorisée par son mari.

Demandons-nous maintenant quels sont les actes qui doivent être considérés comme actes d'administration et pour lesquels la femme mariée conserve sa capacité. Il en est sur lesquels aucune difficulté ne peut s'élever, d'autres au contraire sont plus difficiles à classer, et ont donné lieu à de nombreuses controverses :

La femme mariée peut seule, en vertu de son droit de libre administration et à la condition que son contrat de mariage ne s'y oppose pas :

1° Percevoir les intérêts de ses capitaux et en général les produits de ses biens, fermages ou fruits naturels.

2° Recevoir le payement de ses créances et libérer ses débiteurs.

Ces deux points ne donnent lieu à aucune difficulté.

3° Aliéner son mobilier. Bien des difficultés s'élèvent sur cette question. Il n'existe dans le Code que deux cas dans lesquels on peut étudier la capacité de la femme quant à l'aliénation de son mobilier, ce sont : le cas de séparation de biens judiciaire ou conventionnelle, et le cas où la femme dotale a des paraphernaux. Dans chacun de ces cas, un article spécial règle la capacité de la femme quant aux aliénations : l'art. 1449 reconnaît expressément à la femme séparée de biens le droit d'aliéner seule son mobilier ; et l'art. 1576 reconnaissant à la femme l'administration libre des paraphernaux, exige l'autorisation maritale pour l'aliénation de ces biens, sans distinction de meubles ou d'immeubles. Enfin, un troisième article placé au titre du Code qui traite d'une manière générale, et indépendamment des régimes, de la capacité de la femme mariée, l'art. 217, exige l'autorisation maritale pour les aliénations en général et sans distinction. Que conclure de tout cela? faut-il croire que la femme mariée est en principe incapable d'aliéner son mobilier et que l'art. 1449 n'est qu'une exception?

Nous renvoyons l'étude de cette question et des autres

questions de détail qui s'y rattachent, à la section IV de notre dernier chapitre.

4° Donner à bail ses biens. C'est là assurément un acte d'administration, mais susceptible lorsqu'il est fait pour une durée très-longue, de prendre une importance plus considérable qui pourrait autoriser à exiger l'intervention du mari. Il est à remarquer qu'une limite de neuf années est imposée dans diverses circonstances, par le Code, à des administrateurs. Nous ne pensons pas qu'il faille imposer cette limite à la femme, dans le cas qui nous occupe actuellement. Toutes les fois que le Code l'impose, il s'agit d'un administrateur autre que le propriétaire, du mari, par exemple (art. 1429), du tuteur (art. 1718) et de l'usufruitier (art. 595). Cette restriction qui dans ces trois cas s'explique très-naturellement par le désir du législateur de ne pas imposer pendant une durée trop longue au mineur devenu majeur, à la femme ou au propriétaire, un acte fait par le tuteur, le mari ou l'usufruitier, n'aurait ici aucune raison d'être, la femme étant seule intéressée à la durée plus ou moins grande de l'acte qu'elle a fait elle-même. Si, cependant, cette durée atteignait des limites telles que l'intérêt de la femme fût sérieusement compromis, nous pensons que les tribunaux pourraient constater que ce n'est pas là un acte ordinaire d'administration, et remettre la femme en possession de son bien.

L'art. 481 qui restreint à une durée de neuf ans les baux que peut passer le mineur émancipé, ne prouve rien en notre matière; car la capacité que le Code reconnaît à la femme mariée dans l'administration de ses biens doit être, et est en effet beaucoup plus étendue que celle qu'il reconnaît au mineur émancipé. Nous n'en voulons pour preuve que la comparaison des mots restrictifs *pure admi-*

nistration de l'art. 481, avec les mots beaucoup plus larges de *libre administration* que nous trouvons dans l'art. 1499. La comparaison de ces deux articles peut donc, à notre avis, servir de fondement à un argument *à contrario* tiré du silence même de l'art. 1499, plutôt qu'à un argument d'analogie.

5° Contracter des obligations pour cause d'administration. Il est impossible de déterminer par une formule générale quelles obligations sont renfermées dans les limites des pouvoirs d'administration, et quelles obligations dépassent ces limites; c'est une question qui ne peut être résolue qu'en fait, et les tribunaux qui jugeront qu'une obligation dépasse les pouvoirs d'administration devront en prononcer la nullité si le mari n'a pas autorisé sa femme à contracter.

Quant à celles qui, étant des actes d'administration, ont pu valablement être contractées par la femme seule, une difficulté a été soulevée sur le point de savoir si ces obligations grèvent les immeubles de la femme : c'est une aliénation indirecte, a-t-on dit; or la femme ne peut pas aliéner seule ses immeubles ni directement ni indirectement. La solution contraire nous semble imposée par la combinaison des art. 1499 et 1536 avec l'art. 2092. Il faut se garder de pousser jusqu'à l'exagération l'assimilation qui est faite souvent, et spécialement dans notre matière, sur l'art. 217 pour suppléer à une lacune, entre l'aliénation proprement dite résultant d'une vente ou d'un acte semblable, et l'aliénation indirecte résultant des obligations contractées par le propriétaire. Quant à nous, nous croyons que quand les rédacteurs du Code déclarent et répètent qu'une obligation contractée dans telles et telles conditions sera valable, cette obligation, droit personnel, atteint la personne même de l'obligé et son patrimoine en entier considéré comme une masse indivisible, et que toute distinction tendant à établir dans ce patrimoine diverses classes de biens est absolument contraire au principe doctrinal de l'art. 2092 et aux intentions du législateur.

Nous pensons, inversement, et par application du même principe, que les obligations contractées par la femme en dehors de ses pouvoirs d'administration ne grèvent même pas ses biens mobiliers, quoiqu'elle puisse en disposer.

6° Placer ses capitaux en acquérant au comptant soit des valeurs mobilières soit un immeuble.

L'art. 217 interdit, à la vérité, à la femme d'acquérir sans l'autorisation de son mari ; mais cet article vise les acquisitions qui se font le plus ordinairement et qui ne sont pas des actes d'administration. Par exemple, une femme mariée achète pour l'habiter une maison ou une campagne qui lui plaît, sauf à la payer plus tard, quand elle pourra se procurer les deniers nécessaires : un tel acte tombe sous l'application de l'art. 217 et ne peut être fait qu'avec l'autorisation du mari. Je suppose, au contraire, qu'une femme, venant de recevoir le remboursement d'une créance, trouve à acheter dans des conditions avantageuses une propriété ou des valeurs mobilières et fasse cette acquisition : nous verrons dans cet acte un acte d'administration tombant sous l'application de l'art. 1499 et pour lequel la femme est pleinement capable.

Plusieurs observations qui nous restent à faire sur l'étude de la capacité de la femme mariée quant à ses pouvoirs d'administration trouveront mieux leur place lorsque nous parlerons des biens paraphernaux.

Nous terminerons ce que nous avions à dire sur l'étendue de l'incapacité de la femme mariée en énumérant quelques actes qui ne sont, pour la plupart, ni des actes de disposition ni des actes d'administration, et pour lesquels la femme mariée n'est pas soumise à l'autorisation de son mari. Ainsi elle peut :

1° Faire tous actes conservatoires de ses droits : saisies-arrêts, protêts, inscriptions hypothécaires, transcriptions de donations....., etc. ;

2° Accepter une donation faite à son enfant mineur ;

3° Consentir au mariage et à l'adoption de ses enfants ;

4° Révoquer une donation faite à son mari pendant le mariage ;

5° Reconnaître un enfant naturel ;

6° Faire son testament. Ce dernier acte est bien un acte de disposition, mais il échappe à l'autorité maritale, parce que à l'époque où il produit son effet l'autorité maritale a cessé d'exister.

L'autorisation que le mari doit donner à sa femme, pour la relever de son incapacité quant aux actes qu'elle ne peut faire seule, n'étant pas une formalité nécessaire à la validité extrinsèque de ces actes, et ne constituant pas par elle-même un acte solennel, n'est soumise à aucune condition de formes. Elle peut donc être donnée comme toute manifestation de consentement tacitement ou expressément, verbalement ou par écrit. Tout se réduit en cette matière à une question de preuve. A ce point de vue, le tiers qui traite avec la femme agira sagement en refusant de se contenter d'une autorisation verbale, difficile à prouver en cas de contestation : mais s'il s'en est contenté et qu'il puisse l'établir par témoins ou autrement, ni la femme ni le mari ne seront admis à attaquer l'acte fait en vertu de cette autorisation.

On admet très-généralement, en présence des termes de l'art. 217, que l'autorisation peut être tacite, puisque la seule présence du mari à l'acte suffit pour la faire présumer : « La femme ne peut aliéner....., etc., dit l'art. 217, sans le concours du mari dans l'acte ou son consentement par écrit. » Il faut même voir là une présomption *juris et de jure* non susceptible d'être combattue par la preuve contraire. Mais on se sert de ce même article et l'on argumente par *à contrario* de son silence pour soutenir que l'autorisation du mari ne peut être verbale, et qu'elle doit nécessairement ou bien résulter de sa présence à l'acte, ou bien être donnée dans un autre écrit quelconque, authentique ou sous seing-privé, soit même dans une simple lettre. Cet argument *à contrario* nous entraînant à admettre, sans motifs sérieux, une exception au principe général de notre droit d'après lequel la manifestation du consentement n'est soumise à aucune forme déterminée, nous devons refuser de nous y soumettre ; et nous sommes d'autant plus fort dans notre résistance, que ce silence de l'art. 217 dont on argumente contre nous a une explication toute naturelle : les coutumes exigeaient, en général, que l'autorisation du mari fût expresse et formellement exprimée. Les auteurs du Code en rédigeant les derniers mots de l'art. 217, avaient spécialement en vue cette disposition de l'ancien droit qu'ils voulaient abroger, et se sont contentés de dire que l'autorisation pourrait être tacite et résulterait du concours du mari à l'acte : ils n'ont rien décidé quant à l'autorisation verbale dont l'effet reste réglé par le droit commun.

L'autorisation maritale doit être donnée spécialement pour chaque acte compris dans les limites de l'incapacité de la femme. Une autorisation générale ne serait autre chose qu'une abdication de la puissance maritale et doit être nulle comme tout acte ayant pour but de modifier les lois sur l'état et la capacité des personnes. Cette règle doit être entendue et appliquée de la manière la plus stricte et la plus rigoureuse. Ainsi, on devrait déclarer nulle l'autorisation donnée à la femme par le mari de vendre tel immeuble quand elle voudra et aux conditions qu'elle jugera convenables, quoique ce ne soit pas là une autorisation assez générale pour qu'on puisse la considérer comme tendant à modifier la capacité de la femme.

La seule exception faite au principe de spécialité de l'autorisation est en faveur de la femme mariée commerçante. Cette exception est motivée par la gêne et les difficultés qui pourraient résulter pour le commerce de la femme de la nécessité de l'intervention réitérée et continuelle de son mari, eu égard à la fréquence des actes qui, d'après les règles ordinaires, exigeraient cette intervention.

On cite souvent comme une exception à ce même principe, d'après l'art. 223, la généralité de l'autorisation quant aux actes d'administration. C'est encore, à notre avis, une erreur de ceux qui s'obstinent à confondre les effets de la puissance maritale et ceux des conventions matrimoniales.

Pour les actes d'administration, nous l'avons vu, la femme est capable ; elle n'a pas besoin de l'autorisation du mari : et l'art. 223, dont les termes, évidemment impropres, peuvent produire la confusion dont nous parlons, il signifie uniquement que la femme peut se réserver d'une manière générale par contrat de mariage l'administration libre et indépendante de ses biens, et qu'elle ne pourrait pas s'en réserver la libre disposition.

L'autorisation doit, en principe, être donnée par le mari ; mais s'il la refuse ou s'il est dans l'impossibilité de la donner, s'il est absent ou interdit (art. 222), s'il est mineur (art. 224), s'il est frappé d'une condamnation à une peine afflictive ou infamante (art. 221), dans tous ces cas et dans d'autres cas semblables, la loi a pensé que l'autorisation de justice offrait à la femme une protection efficace et suffisante et pourrait remplacer celle du mari pour la relever de son incapacité.

Il nous reste à nous demander quelle est la sanction du défaut d'autorisation, et quel est le caractère de la nullité résultant de l'incapacité de la femme. Nous avons déjà touché cette question, et posé les bases de la solution que nous devrons donner, quand nous avons cherché au commencement de ce chapitre quel est le fondement de cette incapacité. Nous avons dit que l'incapacité de la femme mariée existant à la fois en faveur du mari et en faveur de la femme elle-même, ils pourront l'un et l'autre demander la nullité des actes viciés par cette incapacité. C'est la solution de l'art. 225, qui ajoute que le même droit appartiendra aux héritiers de chacun d'eux, et exclut implicitement les tiers.

Le droit d'invoquer cette nullité appartient encore, par voie indirecte en vertu de l'art. 1166, aux créanciers de chacun des époux.

Les tiers qui ont traité avec la femme non autorisée ne peuvent pas se prévaloir du défaut d'autorisation.

Ces principes très-simples et d'une application facile lorsqu'il s'agit d'actes ordinaires, donnent lieu à des difficultés nombreuses en matière de jugements, à cause de la règle : voies de nullité n'ont lieu en France contre les jugements. Il est certain que ni le mari, ni la femme ne peuvent agir directement en nullité contre un jugement rendu à la suite d'une instance où la femme a figuré sans y être autorisée : ils n'ont pour l'attaquer d'autres moyens que les voies ordinaires de recours, le pourvoi en cassation; et quant au mari la tierce-opposition. Peuvent-ils l'attaquer par voie de requête civile? Nous ne le pensons pas : l'art. 480 2° du Code de procédure, sur lequel s'appuient les auteurs qui enseignent l'affirmative (1), nous semble viser les questions de pure forme entraînant nullité de la procédure ; or il s'agit ici d'une question de capacité.

Quant à l'autre partie, elle n'a aucun droit à se prévaloir du défaut d'autorisation.

Si une femme non autorisée fait assigner un tiers : celui-ci ne peut pas même dans ce cas invoquer la nullité de l'acte d'assignation; mais comme il serait injuste de l'obliger à s'engager dans un procès que la femme pourrait plus tard faire déclarer non avenu si le jugement lui était défavorable, le défendeur pourra, sous forme d'exception, demander à la femme de se munir de l'autorisation de son mari.

De ce que la nullité n'existe qu'en faveur des époux, il suit que si tous les deux ratifient l'acte, la nullité est rétroactivement effacée. Mais quel serait l'effet de la ratification du mari seul? Il n'est pas nécessaire que l'autorisation du mari soit concomitante à l'acte, et la femme peut valablement agir en vertu d'une autorisation donnée par un acte séparé et antérieur. Pothier (*Traité de la puissance du mari*, n° 72) exige que, dans ce cas, la femme rappelle en termes formels dans l'acte qu'elle fait, l'autorisation qui lui a été donnée : nous ne pensons pas que cette opinion ait été

(1) Duranton (II, 468). Demolombe (t. IV, 355).

celle des auteurs du Code. Mais passons sur ce point, et demandons-nous si, intervenant après l'acte, le consentement du mari produit les mêmes effets que lorsqu'il a été donné avant. Cette question en comprend deux :

1° L'acte fait par la femme doit-il être considéré comme valable depuis le jour où il a été fait ou seulement du jour de la ratification du mari. Pothier (*loc. cit.*, n° 74) est d'avis que l'autorisation du mari, postérieure à l'acte, le rend valable *ut ex nunc,* c'est-à-dire du jour de cette autorisation, et non pas *ut ex tunc*, c'est-à-dire du jour de l'acte lui-même. Il cite Leprêtre et Lebrun comme professant la même opinion (1). Pothier en conclut notamment que si avant l'autorisation l'une des parties était morte, ou avait perdu la raison, ou avait changé de volonté, la ratification ne pourrait plus avoir lieu. Cette conséquence que Pothier tire de son opinion et de celle de Lebrun nous paraît inadmissible, et la critique que nous allons en faire va nous mettre sur la voie d'une erreur qui nous semble contenue dans cette opinion et d'une restriction à y apporter.

Cette conséquence repose sur ce fait que l'acte fait par la femme sans autorisation du mari est inexistant, tant à l'égard des époux qu'à l'égard du tiers cocontractant : d'où il suit que l'autorisation du mari intervenant après coup n'est pas une véritable ratification ; il se forme un nouveau contrat qui suppose une nouvelle intervention de la volonté des parties. C'est ce que Pothier lui-même enseigne formellement (*loc. cit.*, n° 5). Il y a là une erreur évidente, même en partant de l'idée de Pothier que l'incapacité de la femme existe dans l'intérêt du mari (à moins qu'il ne fasse intervenir ici l'idée de nullité d'ordre public; mais nous ne

(1) Lebrun, *Traité de la communauté*, l. II, chap. I, sect. V, n° 7 à 9.

le voyons nulle part). Il est certain au contraire que le cocontractant est valablement obligé, que non-seulement il n'a pas besoin de faire un nouvel acte de volonté, mais qu'il ne pourrait même pas rétracter celui qu'il a fait; que la ratification du mari n'est en réalité qu'une renonciation à l'action en nullité qui lui appartient, et qu'enfin, à l'égard des parties, l'acte, dès qu'il est ratifié, est considéré comme existant du jour de sa propre date, et non pas du jour de la ratification. Mais à l'égard des tiers qui ont pu compter sur la nullité de cet acte, et acquérir dans l'intervalle des droits qui seraient lésés par un effet rétroactif de la ratification, cette ratification est inexistante, ou plutôt n'a d'effets que du jour où elle est intervenue. C'est, en définitive, l'application de la théorie parfaitement rationnelle et équitable de l'art. 1338.

La seconde question qui se pose à propos des effets de la ratification est celle-ci :

2° La ratification émanant du mari seul couvre-t-elle la nullité d'une manière absolue, même à l'égard de la femme?

Malgré l'opinion contraire de beaucoup d'auteurs éminents et malgré l'autorité de la jurisprudence, nous nous prononçons formellement pour l'affirmative, et voici nos raisons :

Le droit qui appartient à la femme d'agir en nullité repose sur une sorte de présomption établie en sa faveur, et d'après laquelle lorsqu'elle a fait un acte seule, sans l'autorisation de son mari, n'ayant pas été suffisamment protégée par sa propre expérience elle a fait un acte nuisible à ses intérêts : c'est une présomption *juris et de jure* n'admettant pas la preuve contraire, et qui existe par le seul fait de la non intervention du mari. Mais le mari intervient-il? une présomption contraire naît à l'instant même, l'acte a été utile à la femme, le mari qui a qualité pour le constater l'a reconnu souverainement; sa décision sans appel détruisant le fondement même de l'action en nullité de la femme, cette action cesse d'exister.

Notre théorie nous semble suffisamment établie par cette observation, et si nous citons, comme il est je dirais presque d'usage de le faire dans cette discussion, l'art. 183, ce n'est pas pour en tirer un argument d'analogie, qu'il est toujours facile de repousser par une fin de non recevoir plus ou moins sérieuse basée sur la différence des cas, c'est uniquement pour rendre plus saisissant notre raisonnement, en le montrant appliqué à une matière plus importante et où la situation respective des parties est plus précise.

L'art. 183 statue que lorsqu'un enfant s'est marié sans le consentement de ses parents, l'action en nullité qui lui appartient en vertu de l'art. 182, est éteinte dès que le consentement des parents intervenu plus tard a ratifié le mariage. Pourquoi? parce que dès l'instant où les parents ont approuvé le mariage, la présomption sur laquelle était fondée l'action en nullité de l'enfant, à savoir que ce mariage était désavantageux ou immoral, cette présomption, dis-je, n'existe plus.

Ce raisonnement répond, il nous semble, victorieusement à l'argument principal de nos adversaires qui consiste à dire que la femme a une action en nullité qui lui appartient, qui est un bien de son patrimoine et qu'on ne peut admettre que le mari puisse à son gré lui soustraire ce bien. C'est là, à notre avis, qu'est l'erreur; et il nous paraît certain qu'il dépend du mari que cet acte reste nul ou qu'il devienne valable, de même qu'il dépend d'un père de valider le mariage de son fils après qu'il a été contracté.

Nous ne parlerons pas des arguments que les deux partis ont essayé de tirer de l'histoire des travaux préparatoires ; ils reposent sur des faits hypothétiques, et ne prouvent rien, à notre avis, ni dans un sens, ni dans l'autre.

Nous ne pouvons mieux terminer ce chapitre qu'en affirmant une seconde fois, après en avoir étudié les conséquences et fortifié ainsi notre conviction, ce principe que l'incapacité de la femme a été conçue et organisée par les auteurs du Code : 1° comme témoignage permanent et sanction de la puissance maritale ; 2° comme protection accordée à la femme, et destinée, comme le voulait Loysel, à succéder à la protection paternelle.

CHAPITRE II

Condition de la femme sous le régime de communauté.

Nous avons fait observer déjà en étudiant l'origine de ce régime, que la communauté était l'application aux rapports pécuniaires des époux de l'idée chrétienne du mariage. La femme, en même temps qu'elle est la compagne de l'homme, est son associée ; en même temps qu'elle partage sa condition et son existence toute entière, elle est appelée à prendre sa part dans les bénéfices qu'ils réalisent ensemble.

Toutefois, les règles qui régissent cette société sont bien différentes des règles des sociétés ordinaires. Dans les sociétés ordinaires, les associés sont tous égaux et ont les mêmes droits : si l'un d'eux a des droits plus étendus que les autres, ce n'est qu'en vertu d'un mandat que ceux-ci lui ont donné, et qui est lui-même l'affirmation de leur droit.

Dans la communauté, les relations d'une nature toute particulière qui existent entre les époux et qui font du mari le protecteur de la femme et le chef de la famille, ont inspiré au législateur des règles spéciales dont la tendance est d'augmenter les pouvoirs du mari, de lui laisser, dans l'intérêt même de la communauté, la plus grande liberté d'action, et d'organiser en faveur de la femme un système puissant de garanties destiné à la protéger dans le cas où le mari abuserait de ses pouvoirs.

L'étendue presque illimitée des pouvoirs du mari fait qu'en apparence, et tant que dure le mariage, la condition de la femme ressemble beaucoup à celle qui lui est faite par le régime sans communauté ; le mari est tout, administrateur, usufruitier, seigneur et maître, et il semble impossible de découvrir au milieu de toutes ces lois la trace d'une idée de société. Mais cette société n'en existe pas moins réellement, même pendant le mariage. La femme, malgré l'inaction et l'impuissance à laquelle elle est condamnée, sait très-bien que le mari agit en même temps et pour lui et pour elle ; elle n'ignore pas qu'elle est appelée à prendre sa part des biens qu'il acquiert ; enfin, elle a elle-même, pendant le mariage, sur les biens de la communauté des droits qu'elle peut exercer et qui suffisent à établir sa qualité d'associée.

Pour diriger notre travail, et ne pas nous laisser entraîner, dans une matière aussi vaste que le régime de communauté, au-delà de ce qui a trait directement à notre sujet, nous avons cru devoir adopter la division suivante :

1° Pouvoirs du mari sur les biens communs ;

2° Pouvoirs de la femme sur ces mêmes biens ;

3° Pouvoirs du mari sur les biens propres de la femme ;

4° Pouvoirs de la femme sur ses biens propres.

SECTION PREMIÈRE

Pouvoirs du mari sur les biens communs.

En échange du droit de co-propriété indivise que le mari transfère à la femme sur les biens tombant de son chef en communauté, il acquiert un droit semblable sur les biens qui tombent en communauté du chef de sa femme. C'est à cela que devraient se borner ses droits s'il n'était que membre de cette société ; mais il en est aussi et surtout le chef : cette qualité suffit à modifier entièrement la situation respective des époux quant aux biens communs : le mari en devient seigneur et maître. Le droit coutumier lui accordait, en cette qualité, un droit absolu de disposition, et le droit de la femme, réduit d'autant, n'était plus, suivant l'expression de Dumoulin, qu'une espérance pour l'avenir.

Un des premiers interprètes du Code, et des plus autorisés, a vu dans ce droit de disposition accordé au mari, la manifestation du droit de propriété non pas indivise, mais entière et absolue qui, selon lui, appartiendrait au mari.

L'indivision ne commence, d'après Toullier, qu'au jour de la dissolution de la communauté; jusqu'à ce moment le mari est seul propriétaire, et la femme n'a qu'un droit éventuel à venir au partage des biens de la communauté lors de la dissolution du mariage, si le mari ne les a pas tous dissipés. Il est de principe qu'une simple espérance, un droit éventuel, suffit pour autoriser des actes conservatoires; et l'on s'expliquerait très-bien, même dans ce système, le droit qu'a la femme de demander la séparation de biens, si la mauvaise gestion du mari compromet les biens de la communauté, et de reprendre l'administration, la jouissance et même la propriété des biens qu'elle a apportés à la masse commune.

Toullier invoque le texte des coutumes, il cite l'art. 225 de la coutume de Paris, l'art. 424 de la coutume de Bretagne, l'art. 178 de la coutume de Blois, qui tous parlent du droit absolu de disposition qui appartient au mari, mais dont la dénomination de propriétaire est scrupuleusement bannie. Quant à l'art. 220 de la coutume de Paris d'après lequel la communauté commence le jour de la bénédiction nuptiale, et à tous les articles dans lesquels se trouvent les expressions *biens communs* ou autres termes équivalents, ce ne sont, d'après Toullier, que des locutions vicieuses traduisant mal la pensée du législateur et le véritable état des choses.

La restriction considérable apportée par le Code aux pouvoirs du mari, quant aux aliénations à titre gratuit, n'arrête pas Toullier : le mari, d'après lui, est encore aujourd'hui seul propriétaire jusqu'à la dissolution de la communauté.

Nous n'insisterons pas longtemps sur cette doctrine aujourd'hui abandonnée. Une seule et bien simple observation suffit, à notre avis, à en montrer la fausseté : les obligations que la femme contracte pendant le mariage avec toutes les conditions requises pour leur validité, c'est-à-dire munie de l'autorisation maritale, grèvent les biens de la communauté : il n'y a là rien d'extraordinaire, ni aucun argument à en tirer pour notre thèse, si on suppose le cas où la femme accepte la communauté; car il est certain que les les dettes d'une personne atteignent même les biens qui rentrent dans son patrimoine postérieurement au jour où est née l'obligation, alors même qu'elle n'aurait eu à ce moment aucun droit sur eux. Mais il n'en est pas de même si nous nous plaçons dans l'hypothèse où la femme renonce à la communauté : il est bien certain que, dès le jour de sa renonciation, la femme n'a plus aucun droit sur les biens de la communauté, et si ses obligations ont pu les grever, ce ne peut être qu'antérieurement à cette renonciation, c'est-à-dire pendant que la communauté existait encore : elle avait donc à ce moment un droit de propriété sur ces biens.

Que si, ne pouvant expliquer par le droit de propriété les pouvoirs si étendus du mari, on veut en connaître le fondement et le caractère juridique, voici, à notre avis, où il faudra le chercher :

Pothier prétend que le droit de disposition du mari est un droit de puissance maritale : « Ce droit qu'a le mari, dit-il, de charger les biens de la communauté, tant pour la part qu'il y a que pour celle qu'y a sa femme, de toutes les dettes qu'il contracte pendant la communauté est une suite de la qualité qu'il a de chef de la communauté, *que lui donne le droit de puissance qu'il a sur sa femme.* » (*Traité de la communauté*, n° 248.) Nous ne pensons pas que cette opinion de Pothier doive être suivie : elle est la continuation de son système sur la puissance maritale qui, d'après lui, existe dans l'intérêt unique du mari. Tout ce qui a rapport à la puissance maritale est réglé par la loi elle-même d'une manière invariable, et n'est pas susceptible d'être modifié par les conventions des parties ; or il est bien certain que les pouvoirs du mari eussent été tout différents si les parties avaient adopté un autre régime.

Le fondement et la raison de ces pouvoirs ne peut donc être que dans un mandat donné par la femme au mari, mandat dont les limites sont fixées par la loi, et soumis, à raison de la qualité du mandataire, à des règles spéciales qui, comme nous le verrons plus loin, le déclarent irresponsable et le dispensent de rendre compte à son mandant.

Tout cela, assurément, est peu conforme aux principes ordinaires de notre droit, et le seul accouplement de ces mots : *mandataire irresponsable*, est un barbarisme juridique. Mais il n'y a pas lieu de s'étonner du caractère quelque peu étrange et exceptionnel de principes destinés à régler l'organisation et le fonctionnement d'une société à nulle autre pareille.

Nous devons entrer maintenant dans quelques détails sur les pouvoirs de disposition d'administration et de jouissance qui appartiennent au mari. Cette étude, importante en elle-même, est, de plus, le préliminaire indispensable, de l'étude des droits de la femme.

Aux termes de l'art. 1421 2°, le mari peut vendre, aliéner et hypothéquer les biens communs sans le consentement de la femme. Aucune restriction n'est apportée à ce droit de disposition à titre onéreux, et cette disposition de l'art. 1421 doit être entendue dans le sens le plus large :

Le mari peut grèver les biens communs de servitudes et d'hypothèques, quelque soit la dette qu'il s'agit de garantir, soit une dette commune, soit une dette propre au mari, telle que serait, par exemple, une dette immobilière antérieure au mariage ; et il nous paraît certain que l'hypothèque judiciaire du trésor public, pour le payement des amendes auxquelles le mari a pu être condamné à la suite de ses délits, grève les biens communs. Il peut aliéner ces biens mobiliers et immobiliers, à quelque condition que ce soit, même avec réserve d'usufruit à son profit ; ce droit d'usufruit réside sur sa tête et s'éteint à sa mort. Il peut les aliéner moyennant une rente viagère constituée sur sa tête et stipulée reversible en sa faveur. Si la communauté est dissoute par sa mort la rente s'éteint ; si la dissolution est la suite du prédécès de la femme, la rente se perpétue sur la tête du mari survivant ; mais les arrérages de cette rente doivent, comme tous les autres biens de la communauté, se partager entre le mari survivant et les héritiers de la femme. Aucune difficulté ne s'est élevée sur ce point, pour le cas où la rente viagère a été constituée purement et simplement sur la tête du mari ou de l'un quelconque des époux ; mais il a été soutenu que lorsque la rente aurait été stipulée reversible au profit du survivant, elle appartiendrait en propre à celui-ci et serait exclue du partage des biens de la communauté.

Notre conviction bien arrêtée est que ce système n'est pas exact et que, à quelque point de vue qu'on le considère, il est en opposition formelle avec la loi. C'est ce qui va ressortir clairement de l'examen des arguments qui ont été invoqués par les auteurs pour le soutenir.

On a dit que la stipulation de reversibilité sur la tête du survivant des époux, insérée dans l'acte de constitution de la rente, en la présence et du consentement des deux époux, constituait de leur part une donation réciproque et éventuelle du premier mourant au survivant.

Sans discuter cette première opinion qui n'a jamais été sérieusement soutenue, nous l'écartons immédiatement par l'application de l'art. 1097, qui prohibe formellement les donations mutuelles entre époux, faites par un seul et même acte. Nous croyons, au contraire, avec la plupart des auteurs, que cette clause de reversibilité constitue de la part des deux époux un acte aléatoire et à titre onéreux : chacun d'eux renonce au droit qu'il possède actuellement et définitivement à la moitié des arrérages de la rente, pour acquérir en retour un droit éventuel à la totalité. Cette clause ayant pour effet de modifier les conventions matrimoniales, tombe sous l'application de l'art. 1395; elle est radicalement nulle, et l'époux survivant devra partager avec les héritiers de l'époux prédécédé les arrérages de la rente comme tout autre conquêt, sans pouvoir se prévaloir d'une convention rigoureusement interdite par la loi.

Un argument subtil et très-ingénieux a été imaginé récemment pour combattre cette théorie. On a dit : l'art. 1395 interdit toute convention modifiant la composition de la communauté et faisant un propre de ce qui, d'après le contrat de mariage, devrait être commun ou réciproquement : mais, ici, aucune modification de ce genre n'a lieu, la composition de la communauté reste la même, et la clause de reversibilité n'empêche pas la rente de rester un conquêt; cela est si vrai que si la communauté venait à se dissoudre par une séparation de biens, la rente se partagerait comme les autres biens qui la composent. Les époux se sont dit réciproquement : A ma mort, la rente aura été et sera un conquêt, l'art. 1395 défend qu'il en soit autrement, nous nous inclinons devant sa volonté impérieuse; mais si la rente est un conquêt, j'en aurai la moitié, et cette moitié je vous la cède par avance si vous me survivez, sous la condition que vous vous obligiez de la même manière envers moi.

Nous répondons aussi brièvement que possible : Que la clause de reversibilité ne modifie pas la composition de la communauté pendant son existence, cela importe peu. Il suffit pour qu'elle tombe sous l'application de l'art. 1395, qu'elle ait pour résultat de modifier les conditions dans lesquelles devront se faire la liquidation et le partage.

Si le raisonnement que nous combattons était vrai, il faudrait rayer du Code l'art. 1395 : car il s'appliquerait tout aussi bien à une convention par laquelle les époux décideraient que le survivant prendra toute la communauté, au lieu de la moitié fixée pour chacun par le contrat de mariage. Rien n'est changé dans la composition de la communauté, dira-t-on, et le partage même pourra se faire suivant les conventions matrimoniales, par moitié; mais, le lendemain, en vertu de la clause postérieure, l'époux survivant exigera des héritiers de son conjoint la délivrance de la fraction supplémentaire qui lui a été promise. Il faut avouer que ce serait un moyen facile de se débarrasser de l'art. 1395. Mais il n'est pas permis de faire ainsi fraude à la loi et de violer une de ses dispositions les plus énergiquement prohibitives.

L'étude de cette question conduit à se demander quelle peut être la limite des prohibitions de l'art. 1395? Nous pensons que cet article ayant eu pour but principal d'empêcher les époux de se faire pendant le mariage des libéralités irrévocables, ne doit pas s'étendre aux donations et aux legs qui sont toujours révocables : et c'est là, croyons-nous, qu'est le fonds de la discussion. Il est certain en effet que les époux qui font une semblable convention ont la conviction qu'ils se font une libéralité réciproque et éventuelle, et c'est parce qu'on se laisse trop influencer par cette idée qu'il y a là une libéralité et que les libéralités entre époux ne doivent pas être entravées, idée complètement fausse, qu'on se débat pour soustraire cette convention à l'application de l'art. 1395.

Hâtons-nous de revenir à notre sujet, que cette question incidente nous a fait un instant perdre de vue.

Le mari est donc, en ce qui concerne le droit de disposer à titre onéreux des biens de la communauté, seigneur et maître de ces biens.

A l'égard des tiers cette affirmation est vraie, absolument et sans restriction, et le mari qui vend un bien commun peut être considéré par l'acquéreur comme véritable et unique propriétaire.

A l'égard de la femme il n'en est pas tout-à-fait de même. Si la femme ne peut pas s'opposer à l'aliénation, elle a du moins un certain droit de contrôle ; et si l'aliénation a été faite par le mari en fraude de ses droits ou s'il en a retiré un profit personnel, elle pourra exiger qu'il l'indemnise.

Ce sont là, croyons-nous, les seules restrictions apportées par la loi au pouvoir du mari de disposer à titre onéreux des biens communs ; et quoiqu'il n'en soit pas propriétaire, il peut à tous autres points de vue être considéré comme tel, sauf ce droit de contrôle de la femme, manifestation bien insignifiante de son droit de copropriété.

Examinons maintenant ses droits quant aux dispositions à titre gratuit.

Les auteurs du Code ont laissé au mari la plus grande

liberté pour tout ce qui concerne la gestion des biens de la communauté, pensant avec raison que tout système de contrainte préventif ou répressif ne pouvait que troubler la paix de la famille et nuire à la prospérité de ses affaires. Mais ils ont refusé de suivre dans ce qu'elle avait d'excessif la législation coutumière : ils ont pensé non moins sagement que la donation n'est pas un acte de gestion, qu'il serait au moins inutile, et souvent dangereux, de laisser au mari la même liberté à cet égard, et qu'il fallait, sinon lui interdire absolument les donations, au moins restreindre son pouvoir de disposer à titre gratuit.

L'art. 1422, rédigé sous l'influence de ces considérations, statue que le mari ne pourra jamais disposer entre vifs à titre gratuit des immeubles de la communauté : il lui accorde le droit de disposer du mobilier commun, mais seulement à titre particulier et à la condition de ne pas se réserver l'usufruit du bien donné.

La première observation qui doit nous arrêter dès que nous abordons l'étude de ces dispositions, c'est cette distinction que fait l'art. 1422 entre les meubles et les immeubles communs : Quelle est la raison de cette distinction? et doit-elle être maintenue?

Un double motif nous semble avoir dicté cette distinction aux rédacteurs du Code : c'est en premier lieu l'idée très-répandue, très-ancienne, et qu'on trouve dans toutes les législations de la supériorité et de l'importance plus grande des immeubles. Il est inutile d'insister sur ce qu'il y a d'inexact aujourd'hui dans cette idée qui a pris naissance et a été appliquée à une époque où la fortune mobilière n'était en effet qu'une petite fraction de la fortune publique. Le second motif, c'est la difficulté même qu'auraient éprouvée les rédacteurs du Code s'ils eussent étendu leur prohibition aux meubles, à sanctionner cette prohibition et à en empêcher la violation. Les meubles n'ont pas, pour la plupart, d'état civil; le Code lui-même leur défend, pour ainsi dire, d'en avoir en reconnaissant comme propriétaire celui qui les possède, et en interdisant à toute autre personne, sauf certains cas déterminés, de les revendiquer. Il serait donc très-facile au mari qui tient entre ses mains tous les biens de la communauté de donner, malgré toute prohibition, les meubles communs; et la défense qu'auraient édictée les auteurs du Code n'aurait eu d'autre résultat que d'ouvrir la porte aux procès entre époux, procès déplorables dans lesquels la femme aurait inutilement, dans la plupart des cas, cherché à prouver que le mari avait indûment donné tel meuble ou telle somme d'argent à un tiers.

Nous pensons que les rédacteurs du Code ont eu tort de se laisser influencer par ces considérations, et nous croirions meilleure une législation qui interdirait absolument au mari les donations de biens communs tant mobiliers qu'immobiliers : la donation, nous le répétons, n'est pas un acte de gestion; c'est un acte qui a nécessairement pour conséquence d'appauvrir : *Donare perdere est,* dit Paul (1); et les pouvoirs qui sont confiés au mari sur les biens de la communauté doivent comprendre tout ce qui lui est nécessaire pour faire prospérer les affaires de la famille, mais rien de plus.

A ceux qui reprocheraient à une semblable législation de manquer de désintéressement, de ne tenir compte que du désir d'accroître le patrimoine commun et de la crainte de le voir diminuer, et d'étouffer ou du moins de rendre sté-

(1) L. 7, Dig. *de donationibus.*

riles les sentiments de générosité ou de reconnaissance dont peuvent être animés les époux, nous répondrons que c'est se méprendre sur la portée de la prohibition dont nous parlons, qu'il est assurément des cas dans la vie où le père le plus soucieux de l'avenir de sa famille doit témoigner ses sentiments d'affection ou de reconnaissance par des dons proportionnés à sa fortune et aux malheurs qu'il a à secourir ou aux services qu'il veut récompenser; mais qu'alors il doit agir de concert avec sa femme et ne pas disposer sans elle des biens qu'ils ont acquis ou conservés ensemble, et sur lesquels ils ont après tout un droit égal.

Il n'y a pas à craindre ici les inconvénients que l'on redoute lorsqu'il s'agit d'actes de gestion; les lenteurs qui peuvent résulter de la nécessité de l'intervention de la femme n'ont pas les mêmes dangers. Quant à ses résistances, reconnaissons que s'il s'en produit quelquefois ce ne sera pas sans de sérieuses raisons, et que ce n'est jamais de ce côté que naîtront les obstacles aux actes de reconnaissance et aux élans généreux.

Ajoutons que, du reste, nous ne refuserions pas absolument au mari les moyens de se montrer généreux : nous lui reconnaîtrions volontiers le droit de faire seul des dispositions peu importantes, telles que les donations rémunératoires et les présents d'usage dont parlent les art. 852 et 909. Mais pour les dotations importantes pouvant compromettre la fortune de la famille, le concours de la femme nous semble devoir être exigé.

Nous ne nous dissimulons pas la facilité avec laquelle cette prohibition pourrait être éludée. Quant aux meubles fongibles leur nature même, et quant aux meubles non fongibles l'art. 2279 s'opposeraient presque toujours à toute revendication de la femme contre le donataire. Mais la femme pourrait au moins s'opposer à l'exécution d'un acte de donation et le faire déclarer nul : et après l'exécution de l'acte de donation, il lui resterait encore la ressource de se faire indemniser par son mari du préjudice qui lui aurait été causé : nous savons, du reste, que les rédacteurs du Code ont établi ailleurs des prohibitions de donner s'appliquant aux meubles comme aux immeubles, ce qui nous prouve bien qu'ils ne considèrent pas cette disposition comme inutile et qu'ils ont compris qu'il était possible de la sanctionner de manière à lui donner une certaine efficacité.

Revenons aux dispositions de notre art. 1422. Les donations d'immeubles sont prohibées d'une manière générale et absolue. Nous n'avons aucune observation à présenter sur ce point : nous étudierons un peu plus loin la sanction de cette prohibition.

Parmi les donations mobilières, les seules autorisées sont les donations à titre particulier : les donations de l'universalité ou d'une quote-part du mobilier sont prohibées. Nous retrouvons ici les mêmes raisons qui ont fait introduire la distinction entre les meubles et les immeubles. La première, c'est que les rédacteurs du Code ont supposé qu'une donation de quotité était plus considérable qu'une donation d'un objet particulier. Mais cette seule raison ne suffirait pas à fonder la distinction de l'art. 1422 ; car il est certain qu'elle peut être souvent en défaut. Si nous supposons, par exemple, une communauté valant 20,000 francs, la donation du dixième de la communauté sera nulle, alors que la donation d'une somme de 4,000 francs, par exemple, quoique beaucoup plus importante sera valable. Il faut donc chercher une autre raison : l'autre motif qui a fait introduire cette distinction, c'est que les rédacteurs du Code ont pensé qu'une donation de quotité serait plus saisissable et plus facilement atteinte par une prohibition que les donations particulières qui peuvent facilement y échapper. Et au lieu d'appliquer l'adage : *Lex arctius prohibet quod facilius fieri potest,* ils se sont dit à tort qu'il fallait bien tolérer ce qu'on ne peut empêcher.

Les donations mobilières à titre particulier sont donc les seules permises au mari, et encore lui est-il interdit de se réserver l'usufruit des choses données. La loi, craignant qu'il ne se laissât trop facilement entraîner à des actes de générosité qui ne lui coûteraient aucun sacrifice, a voulu s'assurer que ces donations avaient un motif sérieux en obligeant le mari à se dépouiller lui-même actuellement de ce qu'il donne. L'idée qui a inspiré cette disposition est la même que celle qui a introduit dans la matière des donations cet antique adage : *Donner et retenir ne vaut,* que nous retrouvons non-seulement dans notre ancien droit, mais même dans le Droit romain des premiers siècles de Rome (1).

Il résulte de cette disposition qu'une donation mobilière à titre particulier faite sous réserve d'usufruit serait nulle. Il faudrait se garder d'appliquer ici le principe d'après lequel les conditions contraires aux lois ou aux bonnes mœurs insérées dans une donation ne nuisent pas à la validité de l'acte et sont tout simplement considérées comme non existantes. Il y a entre les cas que prévoit l'art. 900 et celui qui nous occupe une différence facile à saisir. Les conditions contraires aux lois ou aux bonnes mœurs que prévoit l'art. 900 sont celles qui ont par elles-mêmes, et

(1) Une partie des dispositions de la loi *Cincia de donationibus* reposait sur cette idée que le donataire doit se dépouiller actuellement.

considérées indépendamment de l'acte auquel on les a rattachées, un certain caractère d'immoralité : telles seraient, par exemple, les conditions de tuer ou de frapper une personne, de violer telle disposition prohibitive de la loi civile ou pénale. Toute autre est la clause de réserve d'usufruit : cette clause n'a par elle-même rien d'immoral; elle est autorisée par la loi dans tous les cas où une prohibition expresse et motivée par des raisons spéciales n'a pas été édictée. Ce n'est donc pas sur la clause elle-même que porte la prohibition de la loi, c'est sur l'ensemble de l'acte; et ce que le législateur a voulu, c'est que, quand le mari donne, il donne tout, c'est-à-dire la pleine propriété, ou rien.

Une autre difficulté a été soulevée sur cette distinction faite par l'art. 1422 entre les donations mobilières à titre universel et à titre particulier. Beaucoup d'auteurs se sont mis en frais d'imagination pour chercher à quelles donations l'art. 1422 faisait allusion quand il parle de donations universelles ou à titre universel. D'après ces auteurs, les donations mobilières entre vifs seraient nécessairement à titre particulier, à raison de la disposition de l'art. 948 qui prescrit formellement que toute donation mobilière doit être accompagnée, sous peine de nullité, d'un état estimatif de tous les objets mobiliers qu'elle comprend. Cette théorie ne nous paraît pas exacte. L'état estimatif exigé par l'art. 948 est une formalité exigée pour sanctionner le principe donner et retenir ne vaut et empêcher les détournements que pourrait faire le donateur : mais il est complétement indépendant de l'acte même de donation et impuissant à en changer la nature. Cela est tellement vrai, que l'art. 948 n'exige pas qu'il soit inséré dans cet acte; il peut être fait sur une feuille séparée, signée seulement du donataire et du donateur et qui est ensuite annexée à la minute de l'acte de donation. Ainsi, une personne fait donation de la moitié de son mobilier : on joint à la donation un état estimatif destiné à constater la consistance et la valeur de sa fortune mobilière au jour de la donation ; nous pensons que, malgré l'accomplissement de cette formalité, la donation doit être considérée comme une donation à titre universel ; nous n'hésiterions pas à décider, par exemple, et comme conséquence, que le donataire doit subir l'application du principe : *Bona non sunt nisi deducto ære alieno.*

La distinction de l'art. 1422 trouve encore son application (et c'est à cette dernière que se bornent les auteurs que nous venons de combattre), au cas où le mari fait une institution contractuelle comprenant des meubles de la communauté. Ici, il ne peut y avoir aucune difficulté, et il est bien certain que les donations de cette nature peuvent être faites à titre universel. Quant au mari, il ne pourra les faire qu'à titre particulier.

Le fondement de ces diverses prohibitions de l'art. 1422 est l'intérêt de la femme. Il suit de là :

1° Que la nullité qui frappe ces donations est purement relative ;

2° Qu'elles sont valables à l'égard du mari, qui est non recevable à en demander la nullité.

Nous nous bornons pour le moment à énoncer ces deux conséquences ; les développements auxquels elles donnent lieu trouveront leur place dans la section suivante où nous traitons des droits et pouvoirs de la femme quant aux biens de la communauté.

Nous terminerons sur ce point par une observation générale, à savoir que les prohibitions édictées par l'art. 1422 ne s'appliquent pas aux donations faites par le mari aux enfants communs.

Les dispositions testamentaires étant destinées par leur nature même à ne produire effet qu'à une époque où il n'y aura plus de communauté et où le mari n'aura plus sur les biens communs que les pouvoirs d'un copropriétaire ordinaire, il importait dans la réglementation de ses pouvoirs en cette matière de tenir compte de cette circonstance. C'est ce qu'ont fait les rédacteurs du Code en inscrivant en tête de l'art. 1423 ce principe : la donation testamentaire faite par le mari ne peut excéder sa part dans la communauté. Il faut remarquer cependant que l'application de cette disposition générale suppose qu'il y a communauté, c'est-à-dire que la femme a accepté. Dans le cas contraire, le mari doit être considéré comme ayant toujours été seul propriétaire des biens de la communauté : il a donc pu disposer de la totalité de ces biens.

Ces quelques mots suffiraient à nous édifier sur les pouvoirs du mari quant aux dispositions testamentaires, si les auteurs du Code n'avaient ajouté immédiatement après, pour le cas de legs d'un corps certain, une disposition qui semble assez peu en harmonie avec le principe formulé par la première phrase de l'article. Ils décident que le legs d'un objet certain de la communauté est valable pour le tout et dans tous les cas. Si le partage fait tomber cet objet dans le lot du mari, le legs s'exécutera en nature ; si la chose léguée tombe dans le lot de la femme, le legs s'exécutera en une valeur équivalente prise sur la part du mari dans les biens communs et sur ses biens personnels.

Deux systèmes ont été proposés pour expliquer cette sorte de contradiction entre les deux dispositions dont nous venons de parler.

La plupart des auteurs voient dans la disposition de l'art. 1423 relative au legs d'un objet certain l'application de l'art. 883. Si l'objet légué tombe au lot du mari, il est considéré comme ayant toujours été unique propriétaire, le legs vaut pour le tout. Dans le cas où cet objet tombe au lot de la femme, le mari est censé n'avoir jamais eu aucun droit sur lui et une difficulté grave se présente alors pour combiner l'art. 1423 avec l'art. 1021 qui déclare nul le legs de la chose d'autrui. Cette difficulté est résolue par les uns en prétendant que l'art. 1021 n'est pas applicable aux cas où il est certain que le testateur savait que la chose léguée ne lui appartenait pas; par les autres en reconnaissant qu'il y a dans l'art. 1423 une exception à l'art. 1021, fondée sur la situation toute particulière du mari, différant notablement de celle d'un copropriétaire ordinaire. Nous aurons occasion de revenir sur cette difficulté.

Une seconde explication présentée par quelques auteurs et notamment par MM. Aubry et Rau consiste à écarter complétement l'application de l'art. 883, qui, nous dit-on, doit être limitée rigoureusement aux rapports en vue desquels il a été fait, c'est-à-dire aux rapports de chaque copartageant avec les ayant-cause de l'autre. Or ici ce n'est pas le cas prévu. Ce qui prouve bien, ajoute-t-on, que ce n'était pas là la théorie des auteurs du Code, c'est qu'elle impliquerait une contradiction flagrante entre l'art. 1423 et l'art. 1021. Ces auteurs trouvent la raison de ces dispositions exceptionnelles qui nous occupent dans l'extension des pouvoirs du mari copropriétaire, en sa qualité de chef de la communauté.

Nous demandons la permission de présenter sur ces deux systèmes quelques observations qui nous indiqueront le parti que nous devons prendre sur cette difficulté.

Écartons pour un instant les art. 883 et 1423 et ne voyons que les règles du droit commun : que vaudrait le legs d'un objet commun fait par le mari ? Ce legs, quelque soit le résultat du partage, serait valable pour la moitié ; en sorte que si l'objet légué tombait au lot du mari, le légataire se trouverait copropriétaire indivis avec lui ; que si cet objet tombait au lot de la femme, il serait de même copropriétaire indivis avec elle.

Supposons maintenant que le légataire émette la prétention d'invoquer l'art. 883 et reprenons successivement nos deux hypothèses : se trouve-t-il dans l'indivision avec les héritiers du mari ? C'est contre eux qu'il invoquera cet article pour obtenir tout l'objet légué ! Une pareille prétention nous semble insoutenable. L'art. 883, nous le répétons, a été fait pour régler les rapports des ayant-cause d'un copartageant avec les autres copartageants ; et il est impossible d'en étendre l'application aux rapports d'un ayant-cause avec son auteur ou les héritiers de celui-ci.

Le légataire se trouve-t-il à la suite du partage dans l'indivision avec la femme ? Il devra bien se garder d'invoquer l'art. 883, sous peine de se voir repoussé par une fin de non recevoir sans réplique, tirée de l'art. 1021.

L'explication qui se fonde sur l'art. 883 nous semble donc inadmissible.

Nous refusons également d'admettre l'explication basée sur les pouvoirs du mari. L'observation que nous avons faite au début de cette discussion donne la raison de ce refus : le testament ne devant produire son effet qu'à un moment où le mari ne sera plus chef de communauté, le Code n'a pas voulu étendre son action au-delà de cette époque. Cette théorie nous semble résulter de la première phrase de l'art. 1423, et il serait singulier de fonder sur une idée que les auteurs du Code viennent de repousser une disposition insérée dans le même article.

Pour nous, ces dispositions résultent du respect du législateur pour les volontés ou les intentions même présumées du testateur. Un copropriétaire ordinaire sait très-bien, quand il fait un testament, qu'il ne peut transférer plus de droits qu'il n'en a lui-même sur la chose qu'il lègue ; ou pour parler plus juste, il sait qu'il n'en est pas seul propriétaire. Le mari, au contraire, habitué à disposer en maître des biens communs, à les traiter comme siens, et se trouvant le plus souvent dans l'impossibilité de distinguer son patrimoine propre de celui de la communauté, a cru très-vraisemblablement léguer l'objet entier et transférer au légataire un droit absolu et complet. Quoi de plus respectable qu'une semblable erreur, lorsque le bien légué a été acquis par le mari lui-même de deniers gagnés à la sueur de son front !

C'est, croyons-nous, pour se conformer à cette intention que les auteurs du Code ont formulé cette disposition, difficile à expliquer, si on en cherche le fondement dans les principes purs du droit.

Nous verrons, en parlant des pouvoirs de la femme, les conséquences, en ce qui la concerne, de la théorie que nous venons d'exposer.

La qualité de chef de la communauté, qui donne au mari le droit de disposer des biens que la femme a mis dans cette masse commune, lui donne à plus forte raison le droit de les administrer seul. La femme est donc, dès le jour du mariage, dépouillée de cette administration. C'est au mari qu'appartient le droit de poursuivre ses créanciers de recevoir le paiement des intérêts et du capital et d'en donner quittance. Si des immeubles de la femme ont été mis en communauté, c'est au mari qu'il appartient d'en surveiller l'exploitation, de recevoir le prix des fermages, de renouveler les baux : on pense généralement qu'il faut appliquer ici les art. 1429 et 1430 relatifs à l'administration des propres de la femme et limitant à une période de neuf ans le temps pendant lequel les baux faits par le mari peuvent être opposés à celle-ci après la dissolution de la communauté. Enfin, c'est au mari qu'il appartient d'intenter toutes les actions relatives aux biens communs, mobilières ou immobilières, possessoires et pétitoires, et d'y défendre lorsqu'il est attaqué. Les jugements rendus pour ou contre lui ont plein et entier effet, comme s'il s'agissait de ses biens personnels.

Ce n'est que très-improprement qu'on peut qualifier le mari d'usufruitier des biens communs et à ne considérer les choses qu'au point de vue juridique, il faudrait dire qu'il n'est usufruitier que de la moitié indivise appartenant à la femme ; quant à l'autre moitié il est plein propriétaire. Si l'on admet que la communauté soit une personne morale distincte des deux époux, il faut dire que c'est la communauté qui est usufruitière et que le mari en est le représentant. Cette dernière théorie est généralement repoussée par les auteurs qui invoquent à leur appui les meilleures raisons : mais il nous serait facile, si nous considérions cette discussion comme importante, de citer plusieurs dispositions du Code qui supposent nécessairement que le législateur a voulu distinguer trois patrimoines, c'est-à-dire trois personnes : le mari, la femme et la communauté. Nous préférons nous en tenir à l'examen de la réalité pratique des choses, convaincu que nous nous conformons en cela à l'esprit des rédacteurs du Code qui se sont préoccupés beaucoup plus, comme nous avons eu déjà occasion de le dire, de faire des lois utiles et en rapport avec la situation respective des époux que de suivre scrupuleusement les principes généraux du Code faits pour régler des rapports tout différents de ceux qui doivent exister entre le mari et la femme. Nous dirons donc tout simplement ici, sans nous égarer dans des discussions inutiles, que le mari perçoit seul les fruits de tous les biens communs, et qu'il en dispose à son gré comme de ces biens eux-mêmes.

Le mari a enfin le droit de grever les biens communs par ses obligations.

Ce droit étant un corollaire du droit d'aliéner, est régi par les mêmes règles et renfermé dans les mêmes limites, ou plutôt abandonné avec la même largesse aux caprices du mari. Nous poserons donc d'abord, comme nous l'avons déjà fait plus haut, le principe général que toutes les obligations qui naissent sur la tête du mari pendant la communauté, soit d'un contrat, soit d'un quasi-contrat, soit de l'acceptation d'une succession même immobilière, soit d'un délit, grèvent les biens communs. Distinguant ensuite, pour en venir à l'application, entre les tiers et la femme, nous dirons :

1° Que, quant aux tiers, ce principe est absolu ; et qu'en aucun cas les créanciers qui poursuivent le mari ne peuvent être obligés de distinguer ses biens propres des biens communs. Une seule exception, introduite par l'art. 1425 du Code civil, relativement aux condamnations prononcées à la suite d'un crime emportant mort civile, a été supprimée par la loi de 1854, qui a aboli la mort civile ;

2° Que, quant à la femme, elle peut refuser de supporter

les conséquences des obligations du mari et se faire indemniser si le paiement a été fait avec les biens communs dans trois cas : ce sont d'abord les deux cas dont nous avons déjà parlé, à savoir : lorsque le mari a agi frauduleusement et lorsqu'il s'est enrichi au détriment de la communauté : c'est ensuite le cas, prévu par l'art. 1423, d'une condamnation à amende prononcée contre le mari à la suite d'un délit.

Ce sont les seules restrictions admises par les auteurs, au profit de la femme, au droit du mari d'obliger les biens communs. Nous aurons à nous demander s'il ne faut pas les étendre davantage, et s'il n'a pas été dans l'intention des rédacteurs du Code de rendre le mari responsable à l'égard de sa femme, indépendamment de toute fraude et de tout enrichissement, des aliénations faites par négligence ou dissipation en pure perte pour la communauté, et des obligations contractées dans un but étranger à la gestion des biens communs. Nous examinerons cette question en traitant des pouvoirs de la femme.

Nous avons achevé l'exposé des pouvoirs du mari sur les biens communs : nous pouvons les résumer en disant que, quoiqu'il n'en soit pas propriétaire unique, la loi a réuni entre ses mains tous les attributs du droit de propriété, sauf :

1° Quant aux tiers, la restriction résultant de l'art. 1422 relative au droit de donner ;

2° Quant à la femme, la restriction résultant d'un droit de contrôle qui se manifeste par le droit à indemnité dans certains cas et par celui de demander la séparation de biens.

Que faut-il penser de l'étendue si considérable des pouvoirs du mari sur les biens de la communauté? Les rédacteurs du Code ont-il sagement agi en reproduisant le droit des coutumes? N'auraient-ils pas dû y apporter des restrictions plus énergiques que celles dont ils se sont contentés?

A la question ainsi posée en termes généraux, nous répondrons qu'il nous semble indispensable à la bonne gestion des affaires de la communauté que le mari ait des pouvoirs aussi étendus que possible; que si les rédacteurs du Code ont agi sagement en limitant le droit du mari quant aux donations qui ne sont pas des actes de gestion et ne peuvent qu'appauvrir la communauté, et qui d'ailleurs doivent éveiller tout spécialement les craintes et les soupçons du législateur, ils ont agi très-sagement au contraire en laissant le mari absolument libre quant aux actes qui sont réellement des actes de gestion; et que rien ne nous paraîtrait plus dangereux pour la prospérité des affaires du ménage et la paix de la famille qu'une législation qui exigerait pour chaque acte, non pas seulement d'administration, mais même pour les actes d'aliénation, l'intervention de la femme. La communauté n'est pas une société ordinaire où les associés soient sur un pied d'égalité parfaite. Le mari est avant tout le protecteur de la femme et le chef de la famille, et on comprend que, eu égard à ce titre, aux devoirs qu'il impose et aux relations particulières qu'il établit entre la femme et le mari, le législateur ait cru pouvoir accorder à celui-ci de sa propre autorité un mandat que jamais un associé ordinaire ne donnerait à son coassocié, mandat de disposer des choses *pro libidine animi*.

Mais c'est ici le lieu d'appliquer le principe fondamental de toute morale et de tout droit, celui de la responsabilité. Toute personne qui agit librement est responsable de ses actes: la responsabilité croît en raison directe des pouvoirs dont on dispose, et si nous voulons que le mari puisse, dans l'intérêt même de la communauté, agir librement, sans entraves, si nous croyons que les rédacteurs du Code ont eu raison d'avoir confiance en sa sagesse et dans son affection pour sa famille, nous voulons aussi que le mari ne puisse pas impunément abuser de cette confiance et des pouvoirs qui lui sont accordés, et que si, au lieu d'en user pour conserver ou améliorer le patrimoine et la condition de sa famille, il s'en sert pour se livrer à de folles dissipations et à des prodigalités coupables, il soit, autant que possible, le seul puni, et que tout soit mis en œuvre par la loi pour sauvegarder le patrimoine de la femme.

Nous verrons, en traitant des droits de la femme sur les biens communs, ce qu'a fait le législateur pour donner satisfaction à ce principe si légitime et si équitable de responsabilité du mari.

Il nous reste à examiner la question de savoir si l'ensemble des dispositions de la loi sur les pouvoirs du mari quant aux biens et sur l'administration de la communauté doit être considéré comme ayant un caractère rigoureusement impératif ou si ce n'est qu'une interprétation de la volonté présumée des parties, et s'il est permis de modifier ces dispositions par des clauses expresses insérées dans le contrat de mariage.

L'art. 1388 défend de déroger par convention aux droits résultant de la puissance paternelle sur la personne de la femme et des enfants, ou appartenant au mari comme chef. C'est sur ces derniers mots, qui, à notre avis, s'appliquent non plus aux droits proprements dits de puissance paternelle ou maritale sur la personne des enfants ou de la femme, mais aux droits du mari sur les biens, que nous prétendons fonder notre opinion, à savoir que : si les époux sont libres d'admettre tel régime que bon leur semble, ils ne peuvent pas, ce régime étant admis, modifier les droits qui appartiennent au mari en sa qualité de chef de la famille.

Nous avons vu, spécialement en ce qui concerne le régime de la communauté, que les pouvoirs du mari chef de la communauté ne pouvaient avoir leur fondement ni dans le droit de propriété, puisqu'il n'est pas seul propriétaire, ni dans un mandat de la femme, puisque ses pouvoirs dépassent ceux d'un mandataire : il les tient donc de sa qualité de mari.

Tous les auteurs reconnaissent que la clause qui, d'une manière générale, aurait pour but de transférer à la femme les pouvoirs de gestion du mari devrait être considérée comme non existante. La plupart admettent encore que la clause qui exigerait pour chaque acte d'administration le consentement de la femme serait nulle. Mais beaucoup d'auteurs, parmi lesquels Toullier et Duranton, prétendent qu'il pourrait être valablement stipulé dans le contrat de mariage que le mari ne pourrait aliéner les biens communs sans le consentement de la femme.

Nous avouons que la raison de distinguer nous échappe, et que nous ne voyons pas pourquoi le consentement de la femme, pouvant être rendu nécessaire pour le droit d'aliéner, il n'en serait pas de même pour le droit d'hypothéquer et de s'obliger, d'intenter une action....., etc., tous ces actes n'étant, en somme, que des aliénations indirectes. Ce système conduirait donc à cette conséquence bizarre et inadmissible, selon nous, que les dettes contractées par le mari n'obligeraient la communauté que s'il s'était obligé avec le consentement de sa femme. Nous pensons qu'aller jusque-là ce serait renverser toutes les notions reçues et consacrées par le Code. La maxime que le mari est seigneur et maître de la communauté doit être considérée comme d'ordre public ; ses applications ne peuvent être abandonnées au caprice de chacun ; elles sont formellement impératives.

SECTION II

Droits et pouvoirs de la femme sur les biens communs.

En acceptant le régime de communauté, la femme transfère à son mari la moitié indivise de ses droits sur les biens qui tombent dans cette communauté de son chef, et elle acquiert en échange la moitié indivise des biens du mari tombant en communauté. Nous avons fait, au début de ce travail, la même observation quant au mari, mais le droit de copropriété de la femme, au lieu de se grossir de tous les droits attachés à la qualité de chef de la communauté, est pour ainsi dire étouffé sous le poids écrasant des pouvoirs du mari, et reste entre ses mains tellement inerte et impuissant que nous avons vu un grand jurisconsulte mettre en doute et même nier son existence.

Il existe cependant, nous n'en doutons pas ; et l'étude que nous allons faire va nous confirmer dans cette opinion. Nous avons à nous demander comment il se manifeste, et quels droits le Code, qui a fait la part si belle au mari, a bien voulu reconnaître à la femme.

Les droits accessoires découlant pour la femme de son

droit de copropriété peuvent, il nous semble, se ranger en deux catégories : les uns, que j'appellerai droits défensifs, dont l'exercice consiste, non dans un acte direct sur les biens communs, mais dans une action contre le mari, et qui ont pour but unique la protection à accorder à la femme contre les pouvoirs exorbitants du chef de la communauté. C'est le droit de contrôle de la femme s'exerçant soit par une demande en séparation de biens, soit par une demande d'indemnité dans certains cas que nous déterminerons. Les autres, que j'appellerai droits positifs, et qui comprennent tous les actes juridiques qu'un propriétaire peut faire sur ses biens : quant à la femme, cette dernière catégorie se réduit au pouvoir de grever, par ses obligations valablement contractées, les biens communs, et d'en disposer par testament.

Occupons-nous d'abord de la première espèce de droits dont nous avons parlé.

Nous n'entendons pas exposer ici tout le système de protection organisé au profit de la femme : bénéfice d'inventaire, droit d'accepter ou de renoncer....., etc. ; nous voulons parler uniquement des droits qui appartiennent à la femme comme conséquence directe de son droit de copropriété et de contrôle pendant la durée de la communauté ; ce qui comprend : 1° le droit à indemnité ou à récompense qui peut naître au profit de la femme de certains actes de gestion du mari ; 2° le droit de s'opposer aux donations prohibées par l'art. 1422 ; 3° le droit de demander la séparation de biens.

Dans quels cas la femme peut-elle exiger du mari indemnité ou récompense pour ses actes de gestion ?

Nous avons dit, en terminant notre étude sur les pouvoirs du mari, que rien ne nous semblait plus légitime et plus conforme aux intérêts de la famille que la grande étendue donnée à ces pouvoirs. Mais nous avons ajouté que la responsabilité du mari devait croître dans la même proportion et que la loi, pour être conséquente et morale, devait faire retomber sur lui seul les pertes que la communauté aurait éprouvées par suite de sa négligence ou de sa prodigalité. C'est ici le lieu d'examiner comment le législateur a organisé et sanctionné cette responsabilité du mari.

Au premier aspect, nous ne découvrons rien dans le Code, parmi les articles relatifs à l'administration de la communauté, qui indique que le législateur se soit occupé de cette question. Nous y lisons que le mari qui a augmenté son patrimoine propre avec une valeur provenant des biens de la communauté est obligé, à l'égard de celle-ci, à une récompense. Nous ne doutons pas non plus que le mari qui aurait frauduleusement appauvri la communauté, soit pour enrichir un tiers, soit même en haine de sa femme, ne fût tenu de réparer le dommage qu'il aurait causé. Mais il est admis par tous les auteurs que, hors ces deux cas, le cas de fraude du mari et d'enrichissement au détriment de la communauté, le mari ne peut jamais être constitué débiteur envers la communauté par un acte de son administration. Cette administration peut être incapable, elle peut être même coupable, le mari peut dissiper, pour ses plaisirs personnels, peut-être dans de scandaleuses débauches, les biens de la communauté, pourvu qu'il n'en résulte pas un enrichissement pour lui, ou qu'il ne soit animé d'aucune intention frauduleuse, la femme ne peut lui en demander compte ni se faire indemniser sur son patrimoine propre des pertes que son incapacité ou sa prodigalité lui font subir. Telle est, nous le répétons, de l'avis de tous les auteurs, la théorie du Code. Telle était aussi celle de Pothier : « Le mari, dit-il, peut à son gré, perdre les biens de la communauté, *sans en être comptable;* il peut laisser périr par la prescription les droits qui dépendent de sa communauté....., etc. » (N° 470.)

Cette théorie est assurément bien loin de donner satisfaction au principe que nous rappelions ci-dessus et dont nous réclamions ici tout particulièrement l'application rigoureuse.

Que les auteurs du Code n'aient pas voulu exiger que le mari fût muni, pour chaque acte d'administration ou de disposition, du consentement de la femme, rien n'est plus sage ; qu'ils aient refusé à la femme le droit de mettre opposition aux actes d'administration ou de disposition du mari, on le comprend encore. Mais ils devaient laisser au mari assez négligent ou assez coupable pour abuser de la confiance qui lui est accordée la responsabilité de ses actes, et ne pas faire en sa faveur une exception à la règle consacrée par le Code lui-même dans l'art. 1382, exception dont il nous est impossible de voir la raison.

Est-il bien certain d'ailleurs que ce soit là réellement la théorie du Code ? Peut-on admettre sans hésitation que les jurisconsultes éminents qui ont collaboré à sa rédaction aient subi l'influence des anciens principes coutumiers au point de ne pas voir ce qu'il y a d'exorbitant dans une pareille doctrine. La restriction considérable qu'ils ont apportée aux pouvoirs du mari, en matière de donations, restriction qui n'existait pas dans l'ancien droit, où le mari était absolument libre de donner les biens communs (1), est bien de nature à éveiller dans notre esprit des doutes sur ce point.

---

(1) Sauf dans trois coutumes : Anjou (art. 289), Maine (art. 304) et Lodunois.

Dans une thèse savamment écrite et brillamment soutenue il y a peu de temps à l'École de Droit de Paris, et qui lui a mérité les félicitations de nos éminents professeurs, un de nos confrères et amis a osé, fort d'une conviction appuyée sur de sérieuses études, soutenir, malgré l'opinion contraire de tous les auteurs, une théorie qui, sous les dehors d'une simple question de récompense, contient en réalité tout un système de responsabilité du mari administrateur des biens communs (1).

Cette théorie peut, il nous semble, se résumer dans les deux propositions suivantes :

1° Le mari n'étant, à l'égard de la femme, qu'administrateur *cum liberâ*, ne peut pas l'obliger par les dettes qu'il contracte pour faits étrangers à la gestion des biens communs, et doit l'indemniser lorsque c'est la communauté qui a payé des dettes de cette nature. Il suit de là que ce n'est pas seulement pour les dommages-intérêts résultant des délits du mari que la femme pourra exiger récompense ; sur ce point, notre confrère se rencontre avec un certain nombre d'auteurs disposés à étendre l'application de l'art. 1424 ; mais encore, et ici son opinion est complétement isolée, pour les dettes nées de quasi-délits, et même pour celles qui, n'ayant aucun caractère délictueux, peuvent être considérées comme personnelles au mari : telle serait, par exemple, l'obligation contractée par le mari qui cautionne un de ses amis.

2° Pour cette même raison que le mari n'est, à l'égard de la femme, qu'un administrateur *cum liberâ*, il est responsable de tous ses actes de dissipation. On ne peut pas con-

---

(2) *Des récompenses et reprises des époux sous le régime de la communauté*, thèse de doctorat de M. Fernand Bonneville.

clure du droit de donner au droit de dissiper : donner et dissiper sont deux choses très-différentes; et la restriction que le Code impose à ce droit de donner prouve bien qu'il ne reconnaît pas au mari le droit de dissiper sans contrôle ni responsabilité.

A la suite de ces deux propositions nous voudrions en voir énoncer une troisième, que nous considérons comme une conséquence nécessaire du principe même de cette théorie, à savoir : que le mari est responsable de toutes le pertes que la communauté éprouve par sa négligence : laisse-t-il éteindre par prescription une créance commune, la femme pourra se faire indemniser pour la moitié, à elle afférente, dans la valeur de cette créance. Cet exemple suffit à faire comprendre combien une simple négligence peut être souvent plus désastreuse qu'un acte formel de dissipation. Notre confrère ne va pas jusque-là. Cette hésitation est on ne peut plus défavorable à la cause si intéressante, si séduisante même, qu'il défend. Il sent que le terrain sur lequel il s'est placé n'est pas aussi solide qu'il l'espérait.

Non, le mari n'est pas considéré par le Code, même en ce qui concerne ses rapports avec la femme, comme un simple administrateur des biens communs. Nous refusons d'admettre avec Toullier qu'il en soit propriétaire; mais nous refusons aussi de le considérer avec vous comme un mandataire. Le Code en a fait quelque chose de plus. Il lui reconnaît un droit que n'a aucun autre mandataire légal, le droit de donner; c'est dans ce droit exorbitant que nous trouvons pour lui la source du droit de dissiper les biens communs.

Allons-nous donc être obligé de transporter ici la distinction de l'art. 1422 et de dire : le mari qui pouvait donner des meubles a pu les laisser perdre par négligence sans encourir aucune responsabilité ; mais ne pouvant disposer ainsi des immeubles communs, il sera responsable et obligé d'indemniser la femme toutes les fois que par incurie, incapacité ou dissipation, il aura perdu un bien de cette nature? Non, nous ne ferons pas cette distinction parce que nous trouvons dans le Code la preuve que les obligations, même personnelles du mari, atteignent les biens communs, sans distinction de ceux qu'il peut ou ne peut pas donner.

Cette preuve résulte pour nous par argument *à contrario* de l'art. 1424 1°. Si les auteurs du Code ont pris la peine de dire formellement que les condamnations à amendes encourues par le mari donneront lieu à indemnité au profit de la femme, c'est bien, évidemment, qu'ils n'admettent pas qu'il en soit ainsi pour les autres dettes du mari étrangères à la gestion des biens communs; et s'ils avaient eu l'intention de consacrer la théorie que nous combattons, ce ne sont pas les dettes provenant de condamnations à amendes, dettes essentiellement personnelles, qu'ils auraient choisies pour formuler leur système; ils auraient parlé de dettes provenant de toute autre source, par exemple, des prodigalités du mari. L'art. 1244 signifie donc ceci : quelque soit la nature et l'origine des dettes que contracte le mari, elles grèvent les biens communs, sans qu'il soit responsable à l'égard de la femme, ni obligé de l'indemniser. Cependant, quant aux dettes résultant d'une condamnation à amende pour un délit, elles ont un caractère de pénalité qui les rend tellement personnelles que le mari seul devra les supporter, et que s'il les paye avec les biens de la communauté, il devra récompense à sa femme. L'art. 1424 est une exception et ne peut pas même être appliqué aux condamnations civiles à dommages-intérêts.

Ce n'est pas sans un certain sentiment de regret que nous combattons cette théorie de la responsabilité du mari que nous voudrions voir s'établir dans notre Code à la place de ce système immoral et dangereux qui autorise tous les abus au détriment de la femme.

Que l'on ne nous dise pas que la femme, qui voit son mari compromettre, par sa négligence ou ses dissipations, la fortune de la famille, peut demander la séparation de biens, c'est assurément un remède très-efficace, mais c'est un moyen extrême auquel elle n'aura recours qu'à la dernière extrémité et qui jettera presque toujours le trouble et la désunion dans la famille. Pourquoi nécessiter l'emploi de tels moyens lorsqu'il eut été facile, en faisant supporter au mari les conséquences de ses prodigalités ou de sa négligence de l'arrêter peut-être dans la voie de la ruine, ou tout au moins de sauvegarder jusqu'à la dernière extrémité les biens de la femme?

Nous trouvons cependant dans le Code une disposition, qui nous prouve que dans un cas particulier au moins les rédacteurs ont entrevu que le mari négligent était responsable de sa négligence à l'égard de sa femme. L'art. 1415 donne à celle-ci le droit, lorsque le mari a négligé de faire dresser inventaire d'une succession mobilière à elle échue pendant le mariage, de faire preuve contre lui de la consistance du mobilier, lors de la liquidation de la communauté, par tous moyens en son pouvoir, même par commune renommée.

Ce n'est là malheureusement qu'une application trop restreinte du grand principe de la responsabilité auquel il semble qu'il ne devrait jamais être fait exception; et nous devons tenir pour certain qu'aujourd'hui la femme ne peut demander compte au mari de sa gestion que s'il a agi frauduleusement ou s'il s'est enrichi au détriment de la communauté. Tous les autres actes du mari, quelque coupables qu'ils soient, échappent à son contrôle.

Arrivons au droit qui appartient à la femme quant aux donations faites par le mari en violation des dispositions de l'art. 1422.

Nul doute que ces prohibitions n'aient été édictées dans l'intérêt de la femme et pour sauvegarder ses droits sur les biens communs. Il suit de là :

1° Que l'intervention de la femme suffit à valider ces donations que le mari ne peut faire seul;

2° Que c'est à la femme qu'appartient le droit d'en demander la nullité.

Nous allons examiner successivement ces deux propositions.

Il a été contesté que l'intervention de la femme pût valider les donations immobilières. Nous discuterons les deux seuls arguments sérieux qui aient été invoqués en faveur de cette thèse. Le Code, a-t-on dit, a voulu protéger la femme contre sa propre faiblesse et les abus d'influence du mari. Cet argument nous semble tout à fait inexact sous le régime de communauté où la femme au contraire jouit de toute sa capacité sous la condition d'agir avec l'autorisation de son mari : elle peut donner ses biens personnels, pourquoi ne pourrait-elle pas s'associer à une donation faite par le mari sur les biens communs?

On a dit encore que la femme pouvait, suivant qu'elle refuserait ou qu'elle accepterait la communauté, confirmer son adhésion à la donation ou la rendre non avenue et qu'on ne pouvait pas admettre dans notre droit des donations dont le sort était laissé à la discrétion du donateur. Il y a là encore, à notre avis, une erreur. Ou bien la femme acceptera la communauté, son adhésion devient alors définitive, inattaquable, et la donation est parfaite. Ou bien elle renoncera à la communauté, et alors l'immeuble donné devra être considéré comme ayant toujours été propre au mari, et la femme sera encore non recevable à attaquer la donation.

Remarquons enfin que ce système aurait pour conséquence de frapper d'inaliénabilité à titre gratuit les immeubles communs. Nous nous refusons à croire que telle ait été l'intention du législateur.

Nous avons dit comme second corollaire de notre principe que l'action en nullité de la donation appartenait à la femme et à elle seule. Un point incontestable c'est que cette action ne peut être exercée qu'après la dissolution de la communauté; puisque pour l'exercer il faut que la femme ait pris parti, l'exercice même de cette action peut être considéré comme entraînant acceptation de la femme. Mais là où naissent les difficultés, c'est sur le point de savoir quelle est la portée de cette action et ce que la femme peut obtenir en l'exerçant. Si l'on suppose le partage accompli, la question paraît bien simple à résoudre avec l'aide de l'art. 883 : si le bien donné est tombé dans le lot de la femme le mari sera considéré comme n'ayant jamais eu aucun droit, et la donation sera nulle pour le tout; dans le cas contraire, la donation sera valable pour le tout parce que le mari sera censé avoir été toujours seul propriétaire. Mais nous remarquerons d'abord que l'application de l'art. 883 doit être rigoureusement écartée ici pour les raisons que nous avons développées plus haut au sujet des legs de biens de communauté faits par le mari, et sur lesquelles nous ne reviendrons pas. De plus, il semble impossible que le bien donné puisse venir à partage : la donation étant valable quant au mari et nulle quant à la femme, il en résulte que la moitié indivise afférente au mari a été transférée au donataire, que la femme au contraire a retenu sa moitié et qu'elle se trouve dans l'indivision non plus avec le mari, mais avec le donataire. Cette interprétation serait erronée. Dire que la donation est nulle quant à la femme, c'est dire que la femme a le droit d'exiger que le bien donné soit compris dans la masse commune et vienne à partage comme s'il n'y avait pas eu de donation. Quant à elle, la donation est inexistante. Quant au tiers donataire, la donation est valable ; et les effets qu'elle produira seront différents suivant les résultats du partage : si le bien donné tombe au lot du mari, elle vaudra pour le tout ; non pas par application de l'art. 883, mais tout simplement parce que la donation étant valable quant à lui, il est non recevable à en invoquer la nullité, même sous forme d'exception. Si le bien donné tombe au lot de la femme, il est perdu pour le donataire qui ne peut avoir aucune action contre elle. Mais pourra-t-il au moins comme en cas de legs demander l'équivalent au mari? Nous pensons qu'il faut distinguer ici deux sortes de donations : était-ce une donation donnant lieu à garantie de la part du donateur, une constitution de dot par exemple, cette action en garantie pourra être utilement exercée par le donataire. Pour toute autre donation, il n'a aucun moyen d'atteindre le mari.

Nous avons cité comme troisième droit défensif de la femme la ressource suprême et unique que lui donne la loi contre l'incapacité, la négligence ou la prodigalité de son mari, le droit de demander la séparation de biens. Ce droit lui appartient non-seulement lorsque le mari compromet les biens personnels de la femme, mais même lorsqu'il dissipe les biens communs sur lesquels la loi lui a accordé des pouvoirs presque illimités. Nous n'avons pas à insister sur ce point dont les développements trouveront leur place plus loin.

Enfin, la femme peut encore provoquer l'interdiction de son mari et se faire nommer tutrice.

Arrivons à la seconde catégorie de droits que nous avons reconnus à la femme sur les biens de la communauté et que, par opposition à ceux dont nous venons de parler, nous avons appelés droits positifs.

Nous avons cité comme résultant directement de sa qualité de copropriétaire : 1° le droit de grever les biens communs par ses obligations ; 2° le droit de léguer ces mêmes biens.

C'est ici que nous voyons toute l'étendue de la brèche faite aux droits de la femme copropriétaire, par les pouvoirs absolus du chef de la communauté. Nous ne trouvons dans cette courte énumération, ni le droit d'administration, ni le droit d'aliénation entre vifs, soit à titre gratuit, soit à titre onéreux.

Le droit d'administration est formellement refusé à la femme. Nous avons vu qu'une clause expresse du contrat de mariage serait impuissante à le lui rendre ou même à le lui faire partager avec son époux. Il n'en serait pas de même d'un acte intervenu entre les conjoints pendant le mariage : le mari pourrait transmettre à sa femme tout ou partie de ses pouvoirs d'administration; mais cette sorte de délégation, qui n'est qu'un mandat toujours révocable au gré du mari, est l'affirmation la plus énergique du pouvoir exclusif qui lui appartient.

De même, le droit de disposer entre vifs, à titre gratuit ou onéreux, ne peut être exercé par la femme que par délégation spéciale des pouvoirs du mari. En dehors de là, tout acte de disposition serait nul et non susceptible de donner une action à l'acquéreur. Si plus tard, celui-ci se trouvant en possession du bien aliéné, ce bien venait à tomber, à la suite du partage, dans le lot de la femme, l'aliénation pourrait produire effet; mais ce ne serait que par application de la maxime : *quem de evictione tenet actio, eumdem agentem repellit exceptio;* et dans tous les cas où cette maxime ne pourrait être appliquée, c'est-à-dire lorsque l'acquéreur serait un donataire pur et simple, la femme serait admise à revendiquer contre lui la chose donnée.

Des deux droits qui restent à la femme, le premier, celui de grever les biens communs par ses obligations, n'est encore lorsqu'on y regarde de près, qu'une émanation des pouvoirs du mari.

Ce n'est, en effet, que lorsqu'elles ont été contractées avec le consentement de ce dernier, que les obligations de la femme grèvent les biens de la communauté. Celles qu'elle contracte avec l'autorisation de justice, quoique parfaitement valables, ne les atteignent pas; et inversement, celles qu'elle contracte avec l'autorisation du mari atteignent, non-seulement les biens communs, mais encore les biens propres du mari : ce qui prouve bien que le rôle de l'autorisation du mari, dans le cas qui nous occupe, ne se borne pas à couvrir l'incapacité de la femme.

Le droit qu'a la femme de disposer, par testament, des biens communs, est encore une manifestation bien insignifiante du droit de copropriété qui lui appartient pendant le mariage. A un point de vue strictement juridique, ces deux droits sont même complétement indépendants, car il est bien certain qu'on peut léguer une chose sur laquelle on n'a actuellement aucun droit. Mais, dans la plupart des cas, la femme qui léguera un bien de communauté, fera ce legs en vertu de sa qualité d'associée qui, outre son droit actuel de copropriété, lui donne un droit éventuel à la propriété pleine et exclusive de la chose léguée. La loi n'a mis aucun obstacle à l'exercice de ce droit de tester, dont les effets sont reportés à une époque où les pouvoirs du chef de la communauté ont cessé d'exister.

Quels seront les effets de ce legs?

Si c'est un legs de quotité nous dirons, comme pour le mari, que la femme a pu léguer sa part dans la communauté. Si c'est un legs de corps certain, appliquerons-nous la seconde disposition de l'art. 1423? L'explication que nous avons donnée de cette disposition et qui consiste à écarter l'art. 883, pour y voir une exception aux règles du droit commun, nous oblige à répondre négativement. Les dispositions exceptionnelles ne doivent pas être étendues; surtout lorsque les raisons qui ont motivé l'exception font défaut.

Or, s'il est vraisemblable que le mari, en léguant un bien commun, ait pu le considérer comme lui appartenant en propre, et avoir l'intention de le léguer comme tel tout entier, la même erreur est inadmissible de la part de la femme qui, n'ayant pas sous la main tous les biens communs, peut très-bien distinguer ses propres, ou a dû savoir en léguant le bien commun qu'elle n'en était pas seule propriétaire.

Ce legs aura donc pour effet, dans tous les cas, quelque soit le résultat du partage, de transférer au légataire la moitié de la chose léguée; de sorte que le légataire se trouvera dans l'indivision avec celui des deux époux auquel l'autre moitié aura été attribuée par le partage.

SECTION III

Droits et pouvoirs du mari sur les biens propres de la femme.

Tous les biens de la femme ne tombent pas en communauté. La loi ou les conventions déterminent ceux qui restent dans son patrimoine. C'est la condition de cette deuxième catégorie de biens qui va faire, dans cette section et dans la suivante, l'objet de nos études.

Nous dirons, à titre d'aperçu général devant servir de base aux explications de détail que nous aurons à donner, que le mari n'a sur ces biens aucun droit de copropriété, que la femme en est seule propriétaire, mais que, à raison du droit d'usufruit qui appartient à la communauté sur ces biens, le mari les détient, les administre, en perçoit les fruits, et qu'en fait ils se trouvent confondus dans une seule masse sous la main du mari avec les biens de la communauté et les biens personnels de celui-ci ; qu'ils sont même, à raison de cette confusion, présumés communs jusqu'à preuve contraire ; et que la femme, à la dissolution de la communauté, devra établir son droit de propriété exclusive si elle veut les soustraire au partage (art. 1402). Il résulte de cette situation de fait qu'en apparence la condition des propres de la femme diffère peu de celle des biens qu'elle a apportés à la communauté. Mais nous allons voir, en y regardant de plus près, combien ces apparences sont mensongères. Nous examinerons successivement, comme nous l'avons fait jusqu'ici, le droit de disposer à titre onéreux et à titre gratuit, le droit d'administration et le droit de jouissance.

Le mari n'ayant aucun droit, même indivis, de propriété sur les biens propres de la femme, et aucun texte du Code ne lui accordant, comme pour les biens communs, le droit d'en disposer, ce droit doit lui être refusé. Les auteurs du Code, craignant sans doute que quelque interprète trop zélé n'interprétât leur silence en faveur du mari, ont cru devoir s'en expliquer formellement; et la manière singulière dont ils se sont exprimés prouve combien ils étaient pénétrés de l'omnipotence et de l'absolutisme du mari : « Le mari, disent-ils, ne peut aliéner les immeubles personnels de sa femme sans son consentement. » Il semble, à la lecture de cette phrase, que ce soit le mari qui est propriétaire et que la femme n'ait qu'un droit de veto. Ce texte soulève une difficulté à laquelle nous devons nous attacher tout d'abord avant d'aller plus loin. La prohibition qu'il édicte doit-elle, malgré son silence, être étendue aux meubles?

Peut-être notre affirmation semblera-t-elle téméraire, mais il nous paraît certain que, au moment où le rédacteur de l'art. 1428 a écrit cette phrase, il était pénétré de cette omnipotence du mari, et sous l'influence de cette idée que le mari est le maître unique de la masse des biens qu'il a sous la main; il a exclu les immeubles personnels de la femme pour l'aliénation desquels il exige le consentement de celle-ci; quant aux meubles, il n'en est pas question; et ils restent à la disposition du mari : la rédaction du troisième alinéa de l'art. 1428 suppose que c'est à ce point de vue que s'était placé son auteur lorsqu'il l'a écrit.

Nous nous empressons d'ajouter que nous ne nous considérons pas le moins du monde comme lié par l'intention évidemment anti-juridique qui semble avoir inspiré le rédacteur de l'art. 1428, et qui était trop peu conforme aux principes du droit pour être partagée par ses collègues. C'est, au contraire, une facilité de plus qui s'offre à nous pour écarter la distinction que pourrait autoriser ce texte, et établir la théorie que nous croyons être la seule vraie, celle qui refuse au mari le droit d'aliéner seul les meubles propres de la femme.

A ceux qui refuseraient de croire à l'erreur que nous venons de signaler, nous répondrons que le silence de l'art. 1428 3°, quant aux meubles, peut s'expliquer par ce fait que les meubles propres sont très-rares et que le législateur a cru pouvoir se dispenser d'en parler. Nous trouvons là un puissant argument en faveur de notre thèse : quels sont les meubles qui restent propres à la femme? Ce sont ceux qu'une clause expresse du contrat de mariage a soustraits à l'action du mari. La théorie que nous combattons aurait pour résultat de détruire l'effet de cette clause en rendant au mari son droit de disposition absolu. Nous ne répondrons qu'un mot à l'argument qui consiste à dire que le mari pouvant exercer les actions mobilières de la femme, c'est-à-dire revendiquer ses meubles d'après l'art. 1428, doit nécessairement en être propriétaire. L'art. 1549 accorde aussi au mari le droit de revendiquer les immeubles dotaux de sa femme; on ne peut conclure de là qu'il soit propriétaire de ces immeubles (1). Aliéner ou revendiquer sont deux choses différentes. La revendication suppose l'intervention de la justice : l'aliénation ne suppose que l'action isolée du mari. On a invoqué enfin l'art. 1503 qui semblerait supposer que le mobilier est à la

---

(1) M. Troplong l'a soutenu, mais son opinion a été universellement repoussée.

disposition du mari même lorsqu'il a été réalisé, puisqu'il n'autorise à en exiger lors de la liquidation de la communauté que *la valeur*. Mais cet article s'applique au cas spécial où le mobilier a été réalisé jusqu'à concurrence d'une certaine somme déterminée. Nous terminerons en exposant l'opinion de Pothier qui nous conduira à indiquer les réserves que nous avons à faire sur l'opinion que nous avons émise en termes généraux.

Pothier prétend que, malgré toute clause de réalisation, les meubles de la femme sont à la disposition du mari ; et que le seul effet de cette clause est de donner à la femme une action en reprise qui lui permet, lors de la liquidation de la communauté, de prélever la valeur intégrale du mobilier réalisé. Et il ajoute que c'est le seul moyen, à cause du dépérissement qui résulte du droit de jouissance de la communauté, de conserver à la femme « *quelque chose qui lui tienne lieu du droit de propriété.* » C'est donc en vue de répondre à l'intention et aux désirs de la femme qui a réalisé son mobilier que Pothier admet cette solution. (*Traité de la communauté*, n° 325.)

Il nous semble que celle que nous avons adoptée, fort de l'appui de la plupart des auteurs modernes, est beaucoup plus conforme à cette intention, qui a été, très-vraisemblablement, de soustraire les meubles réalisés au pouvoir de disposition du mari.

Nous reconnaissons cependant que notre théorie n'est pas toujours applicable, et que, dans certains cas, c'est celle de Pothier qui doit être appliquée : mais alors c'est en vertu de considérations différentes, et par application de principes incontestables, que nous accordons au mari le droit de disposer, et non par interprétation de la volonté de la femme.

Rappelons-nous, en effet, que le mari est administrateur et usufruitier des propres de la femme. A ce double titre il peut disposer : 1° des meubles fongibles dont il acquiert la pleine propriété comme quasi-usufruitier ; 2° de certains meubles destinés à être vendus, et dont la disposition doit appartenir à tout administrateur : telles sont, par exemple, les récoltes ou autres fruits des propres de la femme qui auraient été compris dans une clause de réalisation ; 3° enfin, l'art. 1551 étant applicable à la communauté (1), le mari devient propriétaire des meubles estimés par contrat de mariage, et comme tel, il peut en disposer. En dehors de ces trois exceptions, il nous paraît certain que le droit d'aliéner les meubles réalisés n'appartient qu'à la femme.

Si le mari a vendu au mépris de la prohibition de l'art. 1428 un bien propre de sa femme, quels sont les effets d'une pareille vente? La réponse à cette question exige des distinctions : à l'égard de la femme, la vente est nulle ; elle n'a pas pu être dépouillée par le fait du mari d'un droit qui n'appartient qu'à elle ; elle est donc restée propriétaire. Nous verrons dans la section suivante comment et sous quelles conditions elle peut invoquer cette nullité et obliger l'acquéreur à reconnaître son droit de propriété.

Quid juris à l'égard du mari et du tiers acquéreur? le mari peut-il invoquer la nullité de la vente qu'il a faite? ne sera-t-il pas repoussé par la maxime : *Quem de evictione tenet actio eumdem agentem repellit exceptio?* l'acquéreur peut-il aussi invoquer cette nullité? à quelles conditions?

Il nous est impossible d'entrer dans l'examen de toutes ces questions, qui exigerait l'exposition complète de la

(1) Toullier seul a soutenu l'opinion contraire, t. 12 n° 376.

théorie si complexe et si difficile de la nullité de la vente de la chose d'autrui. Ce qu'il importe de constater ici, c'est que ce sont les principes de droit commun, résumés en l'art. 1599, qui devront être appliqués pour la solution de ces questions; que cette solution ne doit être modifiée en rien par la qualité de mari qui appartient au vendeur, et que la seule considération dont il y ait lieu de tenir compte est l'absence complète chez celui-ci de tout droit de propriété, ou de tout autre mandat pouvant en tenir lieu.

Une autre observation, qui a son importance, et que nous pouvons faire sans entrer dans la discussion de l'art. 1599, est que, quant à l'acquéreur, il y aura lieu de se demander s'il a été de bonne foi, et si cet état s'est prolongé, pour savoir s'il doit restituer les fruits, et quelle quantité il doit restituer. Ici encore c'est le droit commun de l'art. 549 qui devra être appliqué.

Le mari, ne pouvant aliéner les biens propres de la femme, ne peut faire aucune transaction sur des contestations relatives à ces biens. L'art. 2045 ne peut laisser aucun doute à cet égard.

Demandons-nous maintenant si, et dans quels cas, il peut disposer de ces biens à titre gratuit.

A la suite de la discussion de l'art. 1428 3° qui commence notre précédent paragraphe, nous avons été amené à reconnaître que certains meubles, malgré toute clause de réalisation, restaient à la disposition du mari. Nous avons rangé en trois classes les meubles tombant sous cette exception : 1° les meubles fongibles qui se consomment par le premier usage, soit en sortant de notre patrimoine, soit par une consommation effective et réelle; 2° les meubles destinés par leur nature même à être vendus, par exemple : les récoltes d'un propre de la femme ; 3° les meubles estimés dans le contrat de mariage, sans déclaration que l'estimation ne vaudra pas vente.

Les meubles fongibles et les meubles estimés sont à la disposition du mari, parce que celui-ci en devient, malgré la clause de réalisation, seul propriétaire. Cette clause n'a d'autre effet que de conserver à la femme un droit de créance d'une valeur égale à celle des meubles fongibles ou à l'estimation des meubles non fongibles, droit qu'elle exercera par voie de prélèvement, lors de la liquidation de la communauté, sur les biens communs d'abord, et subsidiairement sur les biens personnels du mari, conformément aux art. 1471 et 1472.

De ce que le mari est propriétaire unique et définitif de ces meubles, il suit qu'il a le droit d'en disposer, non-seulement à titre onéreux, comme nous l'avons vu, mais encore à titre gratuit.

Quant à la deuxième classe des meubles réalisés compris dans l'exception, notre solution ne sera plus la même. Le mari n'en devient pas propriétaire. Le droit que nous lui avons reconnu d'en disposer à titre onéreux, lui appartient en vertu d'un mandat tacite, par lequel la femme, tout en se réservant un droit exclusif sur les bénéfices qui proviendront de ces ventes, a autorisé son mari à vendre sans elle ces meubles. La disposition à titre onéreux de ces meubles fait nécessairement partie des pouvoirs d'administration. Mais donner, ce n'est pas administrer. Aussi n'hésitons-nous pas à refuser au mari comme à tout autre administrateur le droit d'en disposer à titre gratuit.

Quant aux immeubles propres de la femme, aucune difficulté ne peut s'élever; le mari n'a aucun titre qui lui permette d'en disposer.

Si nous nous demandons maintenant quelle est la sanction des prohibitions dont nous avons parlé, et quelle est la valeur d'une donation faite par le mari, en dehors des cas exceptionnels où la clause de réalisation ne l'empêche pas de devenir propriétaire, nous pouvons répondre qu'un tel acte serait frappé d'une nullité radicale et absolue, pouvant être invoquée non-seulement par la femme en faveur de laquelle existe la prohibition, mais aussi par le mari auteur de la donation. La difficulté provenant quant à la nullité des aliénations à titre onéreux, de l'exception de garantie, ne se rencontre pas ici; et le mari, exposé à une demande en dommages-intérêts de la part de sa femme, a un intérêt suffisant pour motiver une action contre le donataire, sans qu'il y ait lieu de distinguer s'il était de bonne ou de mauvaise foi.

Le mari est administrateur des propres de la femme, comme il l'est des biens de la communauté. Ces deux pouvoirs d'administration ont à première vue la plus grande analogie : c'est en sa qualité de chef de la famille que le mari tient sous sa main ces deux masses de biens, il poursuit les débiteurs de sa femme comme ceux de la communauté; il fait les baux des biens propres de sa femme, et son pouvoir à cet égard est le même que s'il s'agissait de biens communs. Il joint à sa qualité d'administrateur celle d'usufruitier..., etc.

Mais une différence profonde sépare ces deux pouvoirs d'administration.

Nous avons vu que le mari peut dissiper les biens communs sans être tenu d'indemniser la femme. Il en est tout autrement quant aux biens personnels de celle-ci ; il est administrateur comptable et responsable : s'il a laissé par négligence prescrire une créance de la femme, s'il a détérioré ou négligé d'entretenir en bon état ses immeubles, il doit l'indemniser. Il n'y a pas à s'occuper ici de la question de savoir s'il a agi frauduleusement ou s'il s'est enrichi au détriment de sa femme ; un fait de la nature de ceux dont nous venons de parler, donne naissance, indépendamment de cette double considération, à une action en dommages-intérêts au profit de la femme. Il nous importe peu que ce soit une action de dol, une action *de in rem verso*, ou une action de mandat. Les art. 1471 et 1472 déterminent les conditions dans lesquelles cette action qui est une véritable action en reprise devra être exercée et les garanties que la loi y attache. Nous ne saurions aller plus loin sur cette question sans empiéter sur le sujet de notre section suivante qui traitera des droits de la femme.

Outre cette différence fondamentale entre les pouvoirs d'administration du mari sur les biens communs et sur les propres de sa femme, nous pouvons en mentionner une seconde qui n'est pas sans importance. Le mari a l'exercice de toutes les actions relatives aux biens de la communauté : quant aux biens de la femme, il a les actions mobilières et les actions immobilières possessoires : l'exercice des actions immobilières pétitoires est donc réservé à la femme et le mari n'y intervient qu'en vertu de son droit général de puissance maritale, pour donner son autorisation.

On a fait remarquer souvent ce que le refus de ces actions a d'incompatible avec le droit d'usufruit qui appartient au mari sur ces biens. Il dépendra de la femme, a-t-on dit, de rendre ce droit stérile, en refusant de revendiquer un de ses biens dont un tiers se serait emparé. On a répondu avec raison que le droit du mari est un droit réel qui peut s'exercer sur le bien de la femme, même lorsqu'il est sorti de ses mains. Que si le tiers possesseur le lui conteste, il a une action *confessoire* pour l'obliger à le reconnaître. Cette action a quelques rapports avec une véritable revendication, en ce sens que le mari, pour établir son droit, devra prouver que sa femme est propriétaire; mais elle en diffère en ce que le jugement n'aura pour but et pour effet que de rendre constant le droit d'usufruit du mari. Rien ne sera jugé quant au droit de propriété de la femme. Nous n'insistons pas plus longtemps sur cette question qui n'offre, à notre avis, aucune difficulté.

Il existe un second cas, moins étudié par les auteurs, dans lequel le refus fait au mari des actions immobilières pétitoires de la femme pourrait entraîner pour lui la perte d'un droit auquel, cependant, le Code attache une extrême importance. La femme qui voudrait se soustraire, pour l'aliénation de l'un de ses immeubles, à la nécessité de l'autorisation maritale, n'aurait qu'à mettre le tiers acquéreur en possession de cet immeuble; rien, en pareille circonstance, ne s'opposerait, il nous semble, au cours régulier de la prescription; et le mari ne pouvant revendiquer, verrait, sans pouvoir s'y opposer, la femme échapper à son autorité.

Il suivrait de là que le tiers acquéreur, dont le mode d'acquisition serait connu, celui qui aurait acheté, par exemple, un immeuble de la femme, ou qui l'aurait reçu d'elle à titre de donation, mais sans intervention du mari, pourrait être attaqué par celui-ci, en vertu de l'art. 225. Tandis que celui qui se serait mis de lui-même en possession, deviendrait, avec la complicité de la femme, propriétaire de l'immeuble.

Une pareille conséquence nous semble inadmissible; et

nous croyons, sans pouvoir cependant citer aucun texte qui impose formellement notre opinion, qu'en pareil cas les tribunaux pourraient autoriser le mari à agir en revendication pour interrompre la prescription. Mais il est évident qu'alors il devrait, par respect pour la maxime : nul ne plaide par procureur, intenter l'action au nom de la femme ; c'est-à-dire que tous les actes de la procédure devraient contenir le nom de celle-ci, comme si c'était elle qui agissait.

Ce ne serait pas là, du reste, la seule ressource du mari, Nous pensons qu'il pourrait encore agir en son propre nom par une action collective et personnelle contre la femme et le tiers possesseur, montrer qu'il y a eu donation déguisée et concert frauduleux dans le but d'éluder la nécessité de son autorisation.

Que si le mari hésitait à demander aux tribunaux un droit que la loi semble lui refuser, sans distinction des cas qui peuvent se produire, ou à faire la preuve, souvent très-difficile, d'un concert frauduleux, on peut se demander s'il ne lui resterait pas encore un moyen d'interrompre la prescription, en intentant contre le tiers possesseur son action *confessoire,* ou même, dans le cas où son droit d'usufruit ne lui serait pas contesté, en exerçant ce droit sur l'immeuble en litige.

Nous avons hésité longtemps avant de prendre parti sur cette question. Une forte raison de douter nous semblait venir de l'art. 2248, qui est ainsi conçu : « La prescription est interrompue par la reconnaissance que le débiteur ou le possesseur fait du droit de celui contre lequel il prescrivait. »

Le mari qui revendique son droit d'usufruit est obligé, disions-nous, d'établir contre le tiers possesseur le droit de propriété de sa femme. Le jugement qui lui reconnaît ce droit implique, par conséquent, de la part du tiers possesseur reconnaissance, forcée, il est vrai, et judiciaire, mais qui n'en est que plus sûrement conforme à la vérité, du droit de propriété de la femme, et par suite interruption de la prescription.

Nous nous sommes ensuite aperçu du vice de ce raisonnement : si le droit de propriété de la femme est établi, ce n'est, nous l'avons déjà dit, qu'à l'égard du mari ; à l'égard de la femme, il n'y a rien de fait ; le jugement n'existe pas quant à elle. Or, c'est contre elle seule que court la prescription. Il ne s'agit pas de sauvegarder le droit d'usufruit du mari, qui est désormais hors de contestation, et qui sera conservé par les actes d'exercice qu'il fera journellement : il ne s'agit que du droit de la femme ; et nous pensons que, quant à elle, le jugement rendu sur le droit d'usufruit du mari, et l'exercice journalier de ce droit, ne peuvent être considérés comme des causes d'interruption de la prescription.

Après avoir parlé du droit d'administration du mari sur les propres de sa femme, nous devons dire quelques mots de son droit d'usufruit sur ces mêmes biens.

Ces deux droits, quoique unis par les liens les plus étroits, ne doivent cependant pas être considérés comme absolument inséparables : rien ne s'oppose à ce que, la femme retenant la jouissance de ses biens propres, l'administration en soit confiée au mari. On peut même considérer comme possible en droit l'hypothèse inverse, quoique devant être très-rare en fait, le cas où la femme laissant au mari, ou plutôt à la communauté, l'usufruit de ses biens propres, s'en réserverait expressément l'administration.

Demandons-nous d'abord qui est réellement usufruitier. Quant à l'administration, cette question ne peut pas se poser; c'est au mari qu'elle appartient, et elle ne peut appartenir qu'à lui. Quant à l'usufruit, c'est tout différent. Nous avons dit quelque part, dans cette thèse, que, sans prétendre engager une discussion qui serait ici hors de propos, nous pourrions citer plusieurs dispositions du Code qui impliquent nécessairement qu'il a entendu faire de la communauté une personne morale ayant un patrimoine distinct de celui des époux. Puisque nous rencontrons sur notre route une de ces dispositions, on nous pardonnera de nous y arrêter.

A cette question que nous venons de poser : Qui est usufruitier des propres de la femme? la réponse est : la communauté. Et quand nous disons la communauté, nous n'entendons pas par là la somme des droits indivis du mari et de ceux de la femme; la femme ayant un droit indivis d'usufruit sur ses biens personnels, cela n'est pas possible : nous entendons ici par communauté, cette personne morale, ayant pour patrimoine distinct et propre ce que chaque époux lui a apporté, et ayant le mari pour représentant. C'est elle qui est usufruitière des propres de la femme.

Nous savons sur quels biens porte cet usufruit; demandons-nous maintenant à quelles règles il est soumis.

De même que nous avons vu la qualité d'usufruitier exercer son influence sur les pouvoirs d'administration du mari et obliger à lui reconnaître le droit d'intenter une action confessoire qui est presque une revendication et dépasse les pouvoirs d'un simple administrateur, de même nous allons voir cette qualité d'administrateur et de chef de la communauté introduire ici, tant en faveur du mari que contre lui, diverses modifications aux droits et aux devoirs d'un usufruitier ordinaire.

Parmi ces modifications, les unes nous sont signalées par le Code ; les autres, sur lesquelles il a gardé le silence, résultent de la combinaison des textes ou des principes.

L'art. 548 pose un principe d'équité et de doctrine tout à fait général : il est ainsi conçu : « Les fruits produits par la chose n'appartiennent au propriétaire qu'à la charge de rembourser les frais de labours, travaux et semences faits par des tiers. » Ce principe, appliqué aux rapports de l'usufruitier et du nu-propriétaire, conduirait à dire que le propriétaire reprenant, à la fin de l'usufruit, son bien ensemencé par l'usufruitier devrait tenir compte à celui-ci de ses frais de culture et d'ensemencement, et par conséquent que l'usufruitier devrait de même tenir compte au propriétaire de la valeur représentée par ces mêmes dépenses lors de son entrée en jouissance. L'application du principe de l'art. 548 a été écartée quant à l'usufruitier proprement dit, par la disposition exceptionnelle de l'art 585, qui a eu pour but d'éviter entre le nu-propriétaire et l'usufruitier des comptes difficiles d'où pourraient naître de nombreuses contestations. Lequel de ces deux articles appliquerons-nous au mari chef et représentant de la communauté et usufruitier des biens de la femme? Sera-ce la disposition générale de l'art. 548, ou la disposition exceptionnelle de l'art. 585 ? Devra-t-il indemniser la femme des frais de labour et semences, et la femme à la dissolution de la communauté, devra-t-elle, en reprenant la jouissance de ses biens, indemniser le mari de ces mêmes frais?

La première partie de la question nous semble devoir être écartée par une observation bien simple, et qui la rend inutile. En effet, si la femme a droit à une indemnité, ce sera une créance mobilière qui tombera dans la communauté. A quoi bon reconnaître à la femme un droit contre la communauté, lequel passant immédiatement dans le patrimoine de celle-ci va être éteint par confusion ?

Quant à la seconde partie de notre question, elle ne peut pas être éludée de la même manière, et nous devons nous prononcer entre l'art. 548 et l'art. 585.

Le soin scrupuleux avec lequel le Code a organisé la théorie des récompenses entre les époux et la communauté, la rigueur avec laquelle il prohibe tout ce qui pourrait ressembler à une libéralité déguisée entre eux, nous oblige à admettre ici l'application de l'art. 548. La femme devra donc indemniser la communauté des frais de labour et semences faits sur un de ses propres et dont le produit n'aura pas été perçu par elle. Nous verrons quelle modification doit être apportée à la solution que nous donnons en ce moment, sous le régime dotal, à cause de la disposition spéciale de l'art. 1571 qui assimile les fruits naturels aux fruits civils quant au mode de perception.

Cette solution que les rédacteurs du Code n'ont pas cru devoir nous donner toute faite, était écrite dans la coutume de Paris, dont l'art. 231 était ainsi conçu : « les fruits des héritages propres perdant par les racines au temps du trépas de l'un des conjoints appartiennent à celui auquel appartient l'héritage, *à la charge de payer la moitié des labours et semences.*

Ce que nous venons de dire nous fournit l'occasion de faire remarquer que, sous le régime de la communauté, le principe que les fruits naturels s'acquièrent par la perception est conservé. Les récoltes des biens propres de la femme appartiendront donc soit à la femme, soit à la communauté, suivant qu'elles seront séparées du sol, après ou avant la dissolution de la communauté : sauf, pour la femme, le droit de prouver que le mari a frauduleusement coupé les fruits avant leur maturité; et inversement, sauf le droit des héritiers du mari de prouver que, dans le but d'avantager illégalement sa femme, le mari a laissé passer l'époque de la maturité des fruits sans faire la récolte, prévoyant que la communauté se dissoudrait dans l'intervalle.

Une exception, cependant, a été apportée à ce principe par l'art. 1403. Cet article statue que si des coupes de bois qui, en suivant les règles ordinaires et les usages des lieux, doivent être faites pendant la communauté, n'ont pas été faites, l'époux à qui appartiennent ces bois en doit compte à l'autre. Nous pouvons ajouter, inversement, que si le mari a fait avant l'époque régulière des coupes de bois sur les biens de la femme et que la communauté vienne à se dissoudre avant le moment où ces coupes auraient dû être faites, il devra récompense à la femme, sans préjudice des dommages-intérêts qu'elle pourrait exiger pour la perte qui aurait pu résulter de cette coupe hâtive.

Cette disposition de l'art. 1403 a été dictée par la même raison qui nous a semblé devoir imposer la solution que nous avons donnée dans la question précédente, le désir du législateur d'enlever aux époux tout moyen de se faire des libéralités déguisées.

On peut se demander si cette relation intime, entre les deux cas qui viennent de nous occuper, ne doit pas nous conduire à appliquer directement l'art. 1403 2° aux récoltes ordinaires, et si nous n'avons pas faussement interprété le silence du Code, en exigeant la preuve d'une intention frauduleuse, chez le mari qui aurait hâté ou retardé l'époque de la récolte, pour exiger une récompense de lui ou de sa femme.

Quoique la question soit délicate et de nature à soulever des difficultés, nous croyons, cependant, devoir persister dans l'opinion que nous avons émise ci-dessus; et voici nos raisons :

Si les rédacteurs du Code avaient entendu formuler dans l'art. 1403 2° une règle générale, il nous semble qu'ils auraient procédé autrement, et n'auraient pas pris pour exemple des coupes de bois qui sont des récoltes d'une nature particulière, se faisant à des intervalles très-éloignés et représentant une valeur considérable. A raison de cette importance et de la facilité avec laquelle la preuve d'un retard ou d'une trop grande hâte peut être faite, à raison aussi de la multiplicité des causes qui ont pu retarder cette opération qui exige un travail considérable, on conçoit que le législateur n'ait voulu mettre aucune entrave à un débat sur le point de savoir s'il y a lieu à indemnité.

Les circonstances sont complétement différentes lorsqu'il s'agit de récoltes ordinaires, et non-seulement l'on ne peut rien déduire par raisonnement d'analogie de l'art. 1403 2°, mais nous nous croyons autorisé, à cause de ces différences incontestables, à raisonner par *à contrario*, et à considérer la disposition dont nous parlons comme exceptionnelle.

Mais, nous dira-t-on, le seul fait d'enrichissement d'un époux au détriment de la communauté, ou réciproquement, donne lieu à indemnité, indépendamment de toute question d'intention frauduleuse.

Cette objection, vraie en elle-même, contient au fond une pétition de principe. Il est vrai que tout enrichissement donne lieu à récompense, mais il faut le prouver, et nous prétendons qu'ici la loi ne veut en admettre la preuve qu'à la condition de prouver préalablement l'intention frauduleuse. Ne mettre aucune entrave à cette preuve, ce serait laisser la porte ouverte à des procès en nombre infini et d'une difficulté inextricable. Ce n'est pas chose facile de prouver après six mois, ou un an, ou plus, que telle récolte a été faite huit jours trop tôt ou huit jours trop tard. Aussi conçoit-on très-bien que la loi, pour arrêter de tels procès, dise au demandeur, à l'héritier du mari, par exemple : Prouvez-moi d'abord que le mari voulait faire des libéralités à sa femme ; cette première preuve rendra votre prétention vraisemblable, et je vous autoriserai ensuite à prouver que la récolte a été faite plus tard que de coutume.

Enfin, ajoutons à ces considérations cet argument qui nous semble plus convaincant encore : la règle générale est que l'usufruitier devient, par la perception des fruits naturels, propriétaire définitif de ces fruits ; l'art. 1403 introduit une exception à ce principe ; les exceptions sont de droit étroit, et tout nous défend de l'étendre aux autres récoltes.

Nous devons mentionner quelques autres modifications introduites dans les règles de l'usufruit par la qualité d'administrateur qui appartient au mari :

L'usufruitier ordinaire doit donner caution ; le mari usufruitier des propres de sa femme en est dispensé.

L'usufruitier ordinaire n'est pas obligé de faire les grosses réparations : le mari doit les faire sous peine d'être déclaré responsable de la perte de l'immeuble survenue par sa négligence.

Enfin, l'usufruitier ordinaire n'a pas droit à se faire indemniser pour les améliorations qu'il a faites sur les biens sur lesquels porte son droit d'usufruit, le mari, au contraire, peut exiger une indemnité.

Les développements que nous avons à fournir sur ces trois points trouveront mieux leur place dans la partie de cette thèse où nous traiterons des pouvoirs du mari sur les biens de la femme sous le régime dotal. Nous n'aurons à nous occuper alors que des questions d'usufruit sans être gêné par l'intervention continuelle de l'idée de communauté.

Nous ferons cependant, quant à la dernière question que nous avons indiquée, une observation qui ne peut être placée qu'ici. C'est que sous le régime de communauté dont nous nous occupons en ce moment, le mari qui demande une indemnité pour les améliorations qu'il a faites sur les biens propres de sa femme, la demande au nom et comme chef de la communauté, et à titre de récompense due à cette dernière qui a fourni les fonds nécessaires. Sous tout autre régime, et notamment sous le régime dotal, c'est le mari lui-même comme administrateur qui aurait droit à cette indemnité, et c'est par une sorte d'action de mandat ou de gestion d'affaires qu'il devrait la demander.

Sous le régime de communauté, la théorie des récompenses ne lui donne qu'une action *de in rem verso*, par laquelle il ne pourra obtenir que la plus-value résultant de ses dépenses d'amélioration, ou seulement l'équivalent de ces dépenses, si leur somme est inférieure à la plus value qui en est résultée.

SECTION IV

Droits et pouvoirs de la femme sur ses biens personnels.

Nous suivrons pour l'étude de cette partie de notre sujet la division que nous avons tracée dans notre dernière section relative aux droits et pouvoirs de la femme sur les biens communs.

Du droit de propriété que la femme conserve sur les biens dont nous nous occupons en ce moment, découle pour elle une série de droits dont les uns ont pour but de sanctionner les restrictions apportées aux droits du mari et de la protéger contre son omnipotence, et les autres ont pour but la mise en exercice directe et immédiate de ce droit de propriété.

Les premiers comprennent : 1° le droit de demander compte au mari de son administration ; 2° le droit d'invoquer la nullité des aliénations qu'il a faites en violation de l'art. 1428 3° ; et 3° le droit en cas d'insuffisance de ces deux premiers moyens de demander contre le mari dissipateur ou négligent la séparation de biens.

Nous avons vu, en ce qui concerne la responsabilité du mari administrateur des biens communs, que la femme n'a de comptes à lui demander que s'il s'est enrichi ou s'il a agi frauduleusement : nous avons pris la liberté de dire ce que nous pensons d'une semblable théorie ; enfin, l'occasion s'en étant présentée nous avons fait observer qu'elle n'était pas applicable à l'administration des biens propres de la femme.

Nous devons entrer dans quelques détails sur ce dernier point.

L'art. 1428 4° est ainsi conçu : « Le mari est responsable de tout dépérissement des biens personnels de sa femme causé par défaut d'actes conservatoires. » Ce texte ne peut laisser aucun doute sur les intentions des auteurs du Code. Le mari n'est plus *seigneur et maître* ici, il est administrateur et mandataire. Il doit administrer en bon père de famille, et nous ne doutons pas qu'à raison de sa qualité de chef de la famille, il ne soit tenu plus sévèrement qu'un mandataire ordinaire d'administrer sagement les biens qui lui sont confiés, et qu'il ne réponde même de sa faute légère.

La femme aura donc action contre lui toutes les fois qu'une simple négligence de sa part aura compromis ou endommagé un de ses biens. Le mari a laissé, faute de réparations, s'écrouler un bâtiment appartenant à la femme ; il a laissé sans culture une propriété qui, par suite de ce défaut d'entretien, a diminué de valeur ; il a négligé d'interrompre une prescription ou de poursuivre un créancier de la femme qui est devenu insolvable ; une succession étant échue à la femme, il a négligé de faire dans les six mois la déclaration prescrite par les lois fiscales et a encouru le double droit ; dans tous ces cas et dans beaucoup d'autres qu'il est inutile de citer et qu'on ne peut tous prévoir, il est exposé à une action en dommages-intérêts de la part de sa femme.

Mais remarquons ici un singulier effet de la théorie du Code que nous avons combattue, et qui reconnaît au mari, en sa qualité de seigneur et maître de la communauté, le droit de grever les biens communs par les obligations qui naissent même de ses fautes :

Lorsque le mari a commis une faute dans l'administration des biens de la femme, il est tenu à l'égard de celle-ci d'une obligation de réparation du préjudice causé. Mais cette obligation tombe dans la communauté, et la femme va se trouver obligée, par suite d'un préjudice qu'elle aura éprouvé, à la réparation de ce préjudice ! C'est assurément bien bizarre, et l'on comprend qu'une telle observation fournisse un puissant argument contre la théorie dont nous avons parlé. Que se passe-t-il, en effet? La femme étant à la fois débitrice pour moitié des dommages-intérêts et créancière pour le tout, il se produit une confusion qui éteint la moitié de la dette ; il suit de là, en définitive, que si l'immeuble de la femme avait été détérioré par un tiers quelconque, elle se ferait indemniser de toute la perte qu'elle a éprouvée ; mais parce que c'est son mari qui est l'auteur du préjudice, elle ne sera indemnisée que de moitié.

Que si, voulant pousser à l'extrême les conséquences de ce système, nous considérons le cas où l'obligation du mari, au lieu de naître d'une faute commise dans l'administration des propres de la femme, est née d'un délit commis sur sa personne même, délit de coups et blessures, par exemple, cette obligation à réparation civile tombe définitivement dans la communauté, et la femme devra supporter la moitié de la condamnation.

Quelques auteurs, admettant en principe que le mari est seigneur et maître des biens communs, tant à l'égard de la femme qu'à l'égard des tiers, et qu'il ne répond que des cas de fraude et d'enrichissement, reculent devant les conséquences que nous venons de signaler. MM. Rodière et Pont, notamment (t. II, n° 673), et Mourlon (t. III, n° 173), après avoir admis la théorie presque incontestée de l'irresponsabilité du mari, considèrent la dette dont nous parlons comme personnelle au mari, et la rangent sans même soulever aucune contestation, parmi les dettes d'époux à époux.

Nous préférons, quant à nous, admettre toutes les conséquences du principe que nous croyons être celui du Code, pour en mieux montrer les vices et les dangers.

Mais, ne revenons pas sur cette discussion qui n'est pas à sa place ici, et contentons-nous de constater que, quant à ses biens personnels, la femme peut demander compte au mari de tous ses actes de gestion, que n'en étant ni propriétaire, ni seigneur et maître, celui-ci ne peut en aucun cas les grever par ses obligations, et enfin que, même après la dissolution de la communauté, la femme peut les protéger contre l'effet des obligations contractées par le mari, et qui lui incombent pour moitié, par le bénéfice de l'art. 1483.

Dans la première classe de droits appartenant à la femme au sujet de ses biens personnels, nous avons rangé en seconde ligne le droit de s'opposer aux aliénations faites par le mari et d'en poursuivre la nullité. Nous avons eu à nous occuper quant aux biens communs d'une question semblable : mais il ne s'agissait que de la nullité de certaines donations. Ici le mari n'ayant aucun droit de disposition nous aurons à examiner successivement les droits de la femme en cas d'aliénation à titre onéreux et à titre gratuit.

En ce qui concerne les aliénations à titre onéreux, il existe depuis longtemps sur ce sujet une controverse célèbre, où les opinions des auteurs, se greffant les unes sur les autres, se ramifient et se multiplient en nombre assez considérable. Nous n'entrerons pas dans les détails de cette discussion ; nous nous bornerons à exposer notre opinion, en l'appuyant, aussi brièvement que possible, de quelques observations qui nous paraissent être l'expression de la vérité.

Nous pensons d'abord, contrairement à l'opinion la plus généralement admise, que la femme peut agir contre le tiers acquéreur pendant la communauté, et nous refusons absolument d'admettre qu'elle soit obligée d'attendre la dissolution du mariage ou la séparation de biens. Nous avons à discuter un peu plus loin cette question d'une manière générale ; mais nous devons pour le moment motiver l'opinion que nous venons d'émettre spécialement sur l'action qui nous occupe.

La plupart des auteurs modernes opposés à la théorie que nous soutenons invoquent d'abord des considérations morales relatives à l'intérêt de la paix de la famille et au respect dû au mari. « Comment serait-il possible, dit M. Troplong, qu'une femme non séparée agît contre son mari, plaidât contre lui, le signalât comme un usurpateur? où serait le respect pour l'autorité maritale? » Ces considérations peu juridiques ne nous touchent pas. Nous attachons la plus grande importance au maintien de l'union dans la famille; mais nous nous garderons bien d'autoriser sous ce prétexte tous les abus de pouvoir du mari, et de lui permettre, lorsque non content des droits immenses que la loi lui accorde, il aura cherché à détourner et à dissiper, peut-être pour ses plaisirs, les biens de la femme, de venir se retrancher derrière sa qualité de mari et se déclarer inviolable. Sa situation ne nous semble pas assez digne d'intérêt pour faire échec, dans le but de lui éviter une poursuite en dommages-intérêts, au principe qu'un propriétaire dépouillé a le droit de revendiquer son bien où il le trouve. Au surplus, la femme sera meilleur juge que qui que ce soit, de cette question; et elle pourra, si elle le veut, retarder ses poursuites.

On nous dit encore : la femme n'a aucun intérêt à agir

pendant le mariage, ce n'est pas elle qui jouira de son bien, l'usufruit appartient au mari ; elle n'a pas à craindre la prescription, l'art. 2256 2° la protége.

Rien n'est plus faux, à notre avis, que cette assertion. N'est-il pas évident que la femme doit mieux aimer voir les produits d'un bien qu'elle a apporté pour aider à l'entretien de sa famille, employés à leur véritable destination, que de les laisser entre les mains d'un tiers qu'elle ne connaît pas ? Il n'y a pas, il nous semble, de discussion possible, mais elle a un autre intérêt bien plus considérable encore : si elle n'a pas à craindre la prescription, elle a à craindre que le tiers possesseur ne détériore l'immeuble, qu'il ne fasse des coupes de bois ou des démolitions. Et vous voulez que la femme, par respect pour son mari qui a voulu la duper, assiste impuissante à la perte de ce bien qui est peut-être la seule ressource de la famille !

Les arguments que nous présentons ici sous forme de réponse aux objections de nos adversaires se fortifieront et se compléteront de ceux que nous aurons à produire, quand nous examinerons la question générale de savoir si l'art. 1428 2° permet à la femme d'agir elle-même, pendant la communauté (1).

Passons au cas où la femme a attendu, pour agir, la dissolution de la communauté.

Si elle renonce à la communauté, aucune difficulté ne se présente, elle peut revendiquer contre le tiers acquéreur sans être tenue ni de lui restituer le prix, ni de l'indemniser.

(1) Les seuls auteurs qui, à notre connaissance, soutiennent l'opinion que nous venons de défendre sont : d'Argentré, sur la coutume de Bretagne, art. 419, et Lebrun, *Traité de la communauté*, p. 199.

Si elle accepte, de nombreuses difficultés se présentent : est-elle tenue comme commune de l'exception de garantie? cette exception paralysera-t-elle sa revendication? la paralysera-t-elle pour le tout ou pour la moitié?....., etc...

Nous croyons inutile de faire la liste des questions qui se soulèvent à ce propos : nous nous bornerons à énoncer et à défendre l'opinion que nous avons cru devoir adopter :

Nous pensons que la femme acceptante peut revendiquer tout le bien aliéné par le mari, sans que l'exception de garantie puisse paralyser son action; mais qu'elle est tenue, en vertu de cette obligation de garantie, qui lui incombe pour moitié, de rembourser au tiers acquéreur la moitié du prix et de lui payer la moitié des dommages-intérêts qui lui sont dus.

Cette théorie repose sur une distinction, que beaucoup d'auteurs refusent d'admettre, entre deux formes différentes que peut revêtir l'obligation de garantie, et qui entraîne d'autres distinctions et d'autres différences à faire dans sa nature et dans ses effets. L'obligation de garantie peut se présenter, en effet, sous forme d'exception, elle est représentée alors par la maxime : *Quem de evictione tenet actio*....., etc. ; c'est une exception péremptoire qui, comme nous le disions ci-dessus, paralyse l'action du demandeur garant : elle peut se présenter aussi sous forme d'une dette de dommages-intérêts envers le défendeur qui souffre de l'éviction.

Suivant qu'elle se présente sous l'une de ces deux formes, ses caractères diffèrent : dans le premier cas, elle a un caractère évident de personnalité, à l'égard de l'auteur de l'acte qui a donné naissance à cette obligation de garantie : on comprend très-bien un tiers acquéreur se défendant contre son vendeur, en lui disant : C'est vous qui m'avez vendu, vous ne pouvez pas m'évincer ; mais on ne comprendrait pas ce mode de défense contre toute autre personne, et notamment contre un associé.

Sous sa seconde forme, l'obligation de garantie n'a plus ce même caractère; c'est une dette d'une somme d'argent qui peut être demandée à toute personne que le vendeur avait pouvoir d'obliger, et qui est susceptible de se répartir entre plusieurs coobligés.

Nous avons été obligé d'admettre, en présence d'arguments irrésistibles, ce système qui oblige la femme commune en biens à payer la moitié des dommages-intérêts auxquels le mari s'est fait condamner; nous appliquerons ici ce système. Mais nous refusons de croire que les auteurs du Code aient voulu aller jusqu'à obliger la femme à garantir personnellement et directement un acte qui est une violation flagrante de ses droits. Il serait, en vérité, trop singulier d'admettre que la revendication est paralysée et que le bien est définitivement perdu pour la femme, sous ce prétexte inadmissible qu'elle a garanti la vente.

Cette distinction entre les deux formes de l'obligation de garantie, assez délicate quand on ne considère que leur nature et leurs caractères, devient ainsi très-sensible quand on les considère dans leurs résultats. Et c'est un point de vue qui n'a certainement pas été étranger à l'opinion des auteurs du Code.

Il suit de ce que nous venons de dire que, toutes les fois qu'il n'y aura pas lieu à action en garantie, la femme pourra librement exercer son action en revendication. Tels seraient :

1° Le cas où l'obligation de garantie aurait été formellement écartée, soit par une clause expresse de l'acte de vente, soit par la déclaration que le bien vendu appartient à la femme (1599) ;

2° Le cas d'aliénation à titre gratuit : sauf cependant celui d'une constitution de dot.

Nous avons cité comme faisant partie de la série des droits de la femme, que nous avons appelés droits défensifs, et qui lui appartiennent, à l'occasion de ses biens propres, le droit de demander la séparation de biens. Ce n'est pas seulement lorsque le mari compromet les biens communs que la femme peut demander la séparation de biens ; c'est aussi et surtout lorsqu'il compromet les biens personnels de celle-ci ; et le fait qu'il est, quant à ces biens, responsable de son administration n'empêche pas que ce droit ne soit pour la femme très-efficace et très-utile ; car, le plus souvent, le mari qui dissipe les biens de sa femme, dissipe aussi les siens ; et la responsabilité d'un insolvable n'est pas une garantie.

Arrivons à l'étude de la seconde catégorie de droits que nous avons reconnus à la femme quant à ses biens personnels ; ce sont ceux que nous avons appelés droits positifs et qui ont pour but la mise en exercice directe et immédiate de ce droit de propriété.

La femme étant seule propriétaire des biens que la loi ou les conventions lui ont réservés comme propres, peut, en principe, exercer sur eux les droits ordinaires d'un propriétaire. Deux restrictions cependant doivent être apportées à ce libre exercice :

La première résulte de son état de femme mariée et des lois sur la puissance maritale, qui soumettent la femme, malgré son droit absolu de propriété, à l'autorisation du mari, pour tous les actes qu'un propriétaire ordinaire pourrait faire librement. Ces lois étant d'ordre public et rigoureusement impératives, les conventions ne peuvent pas les modifier.

La seconde restriction résulte du droit d'administration et du droit d'usufruit qui appartiennent au mari et à la communauté.

Les dispositions du Code qui établissent et réglementent ces deux droits d'administration et d'usufruit, n'ont pas ce caractère d'ordre public que nous venons de signaler dans les dispositions relatives à la puissance maritale. Elles ne sont pas impératives; elles sont seulement interprétatives de la volonté des parties. Elles peuvent, par conséquent, être modifiées par des conventions spéciales. Ces modifications peuvent être introduites de plusieurs manières et dans des limites plus ou moins restreintes. Quelques explications sont nécessaires à ce sujet.

Le mari peut pendant le mariage donner mandat à sa femme d'administrer ses biens propres. Mais il faut voir là, non une modification introduite dans les règles ordinaires de la communauté, mais bien plutôt l'affirmation du droit d'administration du mari, se révélant par une sorte de délégation qu'il en fait à sa femme. La femme serait responsable, comme tout mandataire, si son administration négligente ou incapable ne faisait pas produire à ses biens les revenus que le mari est en droit d'en attendre.

Une convention qui, pendant le mariage, attribuerait à la femme non-seulement l'administration, mais la jouissance de ses propres, devrait être annulée par application de l'art. 1395.

Supposons maintenant, et ici nous arrivons à la partie intéressante de notre question, que c'est dans le contrat de mariage qu'a été insérée la clause attribuant à la femme l'administration de tout ou partie de ses propres. Il est incontestable qu'alors c'est une modification qui est apportée aux dispositions du Code sur les pouvoirs du mari en communauté. Nous avons dit que cette clause était valable.

N'y a-t-il pas contradiction avec la solution que nous avons donnée plus haut, quand nous nous sommes demandé quelles modifications pouvaient être introduites dans les pouvoirs du mari sur les biens communs? Il n'y a, croyons-nous, aucune contradiction.

La solution négative que nous avons donnée précédemment à la question de savoir si l'administration des biens communs pouvait être donnée à la femme par une clause du contrat de mariage, est basée sur ce fait que les biens communs sont le patrimoine de la famille, que l'administration de ce patrimoine appartient de droit au chef de la famille, et que le mari qui s'en démet abdique cette qualité, ce qui lui est rigoureusement défendu.

Il en est tout autrement des biens personnels de la femme, qui n'appartiennent qu'à elle seule ; et l'art. 223 ne permet pas de douter que les auteurs du Code n'aient voulu consacrer cette différence.

Une disposition d'un contrat de mariage avec adoption du régime de communauté pourrait encore valablement réserver à la femme l'usufruit de ses biens personnels. L'art. 1534 implique cette solution pour le cas où la réserve porte sur un bien déterminé faisant partie du patrimoine de la femme. C'est à ce point de vue particulier que se placent les auteurs en traitant cette question. Nous n'en croyons pas moins que la proposition que nous venons d'énoncer est applicable même au cas où la réserve porterait sur l'usufruit de tous les biens de la femme. L'usufruit d'une masse de biens n'est, après tout, qu'un bien particulier susceptible d'une clause de réalisation, comme tout autre bien qui devrait tomber en communauté. Le régime résultant de cette clause ressemblera beaucoup à une véritable séparation de biens. Il en différera cependant en deux points :

1° Le mobilier de la femme tombera en communauté ;

2° Si l'usufruit seul a été réservé à la femme, l'administration, pour tout ce qui n'en sera pas inséparable, restera au mari. Nous ne pensons pas, en effet, que ces deux droits doivent nécessairement être réunis dans les mêmes mains.

Un troisième moyen existe pour restreindre, au profit de la femme, les droits d'administration et d'usufruit du mari sur ses biens personnels : c'est une clause expresse insérée dans une donation ou un testament fait en faveur de la femme, par laquelle le tiers donateur ou testateur fait lui-même cette réserve. Nous n'insisterons pas sur ce troisième moyen qui nous entraînerait hors de notre sujet.

Mais revenons au droit commun et supposons qu'aucune clause exceptionnelle n'a modifié la condition des propres de la femme, telle qu'elle est réglée par le Code. Il reste à la femme le droit absolu de disposer, soit par des aliénations à titre onéreux, soit par des donations, soit en contractant des obligations. Toutefois, pour que ces actes soient valables, il faut que, lorsqu'elle les accomplit, elle soit relevée de son incapacité par l'autorisation de son mari ou de justice. L'autorisation de son mari lui permet de disposer de la pleine propriété ; celle de la justice ne peut lui permettre de porter atteinte au droit d'usufruit du mari, et ne la rend capable que quant à la nue-propriété.

Nous terminerons notre étude sur les droits de la femme

quant à ses biens personnels, par l'examen de la question de savoir si elle peut exercer, pendant le mariage, les actions relatives à ces biens, ou si la loi a entendu réserver ce droit au mari seul.

Dans un cas particulier que nous avons étudié plus haut, nous avons cru devoir admettre, malgré la divergence de l'opinion de presque tous les auteurs, que la femme pouvait, pendant le mariage, exercer les actions relatives à ses biens personnels. L'opinion générale, qui se prononce dans ce cas spécial pour la négative se fondant sur des raisons que nous avons combattues, admet, en principe, l'affirmative et reconnaît à la femme le droit d'agir pendant le mariage, soit avec l'autorisation du mari, soit, s'il la refuse, avec celle de la justice.

Cette opinion que nous nous empressons d'admettre, et à laquelle nous ne nous voudrions voir faire aucune exception, se fonde sur la comparaison de la rédaction de l'art. 1428 2o, et celle de l'art. 1549. « Le mari, dit l'art. 1428, *peut exercer seul* toutes les actions mobilières et possessoires qui *appartiennent* à la femme. » L'art. 1549 dit au contraire : « Le mari a seul le droit de poursuivre. .... etc. » C'est ainsi que les rédacteurs du Code se seraient exprimés dans l'art. 1428, s'ils avaient entendu refuser à la femme le droit d'agir.

De plus, les mots *qui appartiennent à la femme* que nous avons soulignés dans cet article, méritent assurément d'être remarqués. Ils auraient, il est vrai, une force probante bien plus considérable dans une législation, qui, comme la législation romaine, verrait deux choses parfaitement distinctes dans le droit, et dans l'action qui en naît. Notre législation ne fait pas cette distinction, ou du moins elle n'y attache pas la même importance que la législation romaine ; et l'on peut répondre à notre observation que les auteurs du Code en disant : *les actions qui appartiennent à la femme*, ont entendu parler de ses droits. Nous pensons cependant que la distinction que l'on peut établir aujourd'hui entre le droit lui-même et sa mise en exercice est assez notable pour nous permettre d'attacher une certaine importance à cette expression dont se sont servi les auteurs du Code.

CHAPITRE III

Condition de la femme sous le régime dotal.

En commençant notre précédent chapitre, nous faisions observer que le régime de communauté, émanation de la conception chrétienne du mariage, avait pris naissance, avait pénétré dans les mœurs et dans la législation, sous l'influence d'une idée favorable à l'amélioration de la condition de la femme, et avait eu pour but et pour résultat de faire de la femme la compagne et l'associée de son mari.

Le régime dotal a été de même inspiré par une idée de faveur pour la femme ; mais il faut reconnaître que les sentiments qui ont guidé le législateur païen, ont un caractère bien différent, et qu'il n'a pas vu avec la même élévation d'idées les réformes à accomplir dans la condition de la femme mariée. Pour lui, l'amélioration à introduire dans cette condition consiste uniquement à assurer à la femme la conservation et la restitution de sa dot. Quant à l'élément purement moral qui donne à la condition de la femme son véritable caractère, il ne s'en occupe pas.

Nous avons vu en étudiant la marche de ce régime dans le droit romain comment les prévisions du législateur avaient été trompées, comment la femme devenue, grâce à l'action en restitution de dot, maîtresse de son mari, s'était fait de plus en plus un jeu du mariage, et comment enfin ce régime qui avait été créé dans le but de faciliter les mariages, n'avait encouragé que le divorce.

A vrai dire, l'intérêt de la femme n'avait pas été le véritable mobile du législateur romain; et s'il lui a assuré la conservation de sa dot, c'est moins par faveur pour la femme elle-même, que dans un but d'intérêt général, et spécialement pour lui faciliter un second mariage en cas de veuvage ou de divorce : *Interest reipublicæ dotes mulierum salvas esse,* dit Paul. Le vieil adage normand : « bien de femme ne doit pas se perdre » semble plus directement inspiré par le désir de rendre meilleure et plus sûre la condition de la femme. Remarquons enfin que c'est l'intérêt de la femme qui a été surtout invoqué par les pays de droit écrit demandant l'admission dans le Code du régime dotal.

Il est assez extraordinaire que, après avoir constaté, lorsque nous recherchons l'origine des différents régimes matrimoniaux, la tendance du législateur à améliorer la condition de la femme mariée, nous soyons obligé, lorsque nous étudions l'organisation même de ces régimes, de constater combien cette condition est peu favorable. Le régime de communauté a, incontestablement, réalisé un progrès immense en tirant la femme de l'état d'infériorité dans lequel la législation païenne l'avait maintenue ; mais nous avons remarqué, sur quelques points importants, dans l'organisation des pouvoirs du mari, que le législateur semblait avoir été inspiré par un sentiment puisé dans le système romain de l'absolutisme marital.

En abordant l'étude du régime dotal, nous revenons sur nos pas ; malgré l'influence de l'idée nouvelle de la puissance maritale, qui est la même que sous la communauté, l'œuvre du législateur romain a encore la plus grande part dans l'organisation de ce régime. De là l'opposition que l'on ne peut s'empêcher de constater entre les principes fondamentaux de ce régime et ceux qui semblent devoir régler les rapports de deux personnes unies par un lien aussi étroit et aussi sacré que le lien du mariage. Deux idées, en effet, peuvent résumer l'organisation générale du régime dotal : idée de défiance à l'égard du mari ; idée de séparation complète des intérêts et des biens de chaque époux.

Rien n'est plus légitime, assurément, que les précautions prises par la loi contre les dilapidations ou l'incurie du mari, et nous avons nous-même exprimé le regret, relativement à certaines dispositions du régime de communauté, que la protection accordée à la femme ne fût pas plus efficace. Mais quant à faire de ces précautions contre le mari le fondement et le but unique d'un régime matrimonial qui ne s'occupe que de sauver la dot, c'est confondre un peu trop le mariage avec une association commerciale, et faire trop bon marché des sentiments les plus naturels et les plus respectables qui doivent animer les époux.

L'idée de séparation complète des intérêts des époux nous paraît non moins contraire à la nature de l'union matrimoniale ; et elle n'a même pas, en sa faveur, l'excuse d'avoir été inspirée par l'intérêt de la femme, et le désir d'élever sa condition, puisque celle-ci est complétement exclue de toute participation aux fruits de ses propres biens et au produit de son travail que le mari recueille seul, et dont il fait l'emploi que bon lui semble. La seule chose qui puisse nous faire pardonner une telle disposition, c'est le principe de la liberté des conventions dont on use très-largement à son égard pour la bannir de la plupart des contrats de mariage, et établir, à côté de l'inaliénabilité dotale, une communauté d'acquêts qui permette à la femme d'être considérée et traitée autrement qu'une étrangère dans la maison de son mari.

Nous adopterons, pour étudier la condition de la femme sous le régime dotal, la division que nous avons suivie dans notre chapitre précédent, et nous étudierons successivement les quatre points suivants :

1° Pouvoirs du mari sur les biens dotaux ;

2° Pouvoirs de la femme sur ces mêmes biens ;

3° Pouvoirs du mari sur les paraphernaux ;

4° Pouvoirs de la femme sur ces mêmes biens.

SECTION PREMIÈRE

Pouvoirs du mari sur les biens dotaux.

Le mari n'est pas, comme en Droit romain, propriétaire de la dot : la propriété en reste à la femme.

A quelle époque s'est faite cette transformation ? C'est ce

qui nous semble difficile à établir. Nous avons suivi, dans le Droit romain, les progrès rapides des droits de la femme sur les biens dotaux qui se sont réalisés depuis l'époque classique jusqu'à Justinien; et nous avons vu que, malgré un certain trouble dans la législation de cette époque qui reconnaît à la femme un semblant de propriété que Justinien qualifie de propriété naturelle (1), c'était en réalité le mari qui était propriétaire de la dot. La même hésitation se manifeste, et la même solution paraît prévaloir aux différentes époques de l'histoire de notre ancien droit : Cujas résume ainsi son opinion sur ce point : *Uxor domina est rerum dotalium* NATURALITER, *maritus* CIVILITER *et dotis causâ* (2). Dumoulin écrit : *Vir, constante matrimonio*, VOCATUR *dominus dotis* (3); l'expression dont il se sert témoigne de son hésitation. Enfin, nous lisons dans Pothier : « Le titre de dot est un titre qui est, de sa nature, translatif de propriété; car le mari acquiert le domaine de propriété des choses qui lui sont données en dot par sa femme..... (4) ». Si Pothier semble plus affirmatif que les autres jurisconsultes que nous avons cités, ce n'est pas que la question ait progressée dans l'intervalle de trois siècles qui le sépare d'eux; cela tient uniquement au sujet qu'il traite dans le chapitre d'où est extrait le passage que nous venons de citer; il se demande si le titre *pro dote* peut servir de juste cause à une usucapion : il nous paraît certain que s'il avait examiné la question qui nous occupe, nous aurions vu se produire chez lui cette hésitation que nous trouvons chez les autres jurisconsultes qui ont cherché à qualifier avec

(1) L. 30 Code, *de jure dotium*.
(2) Cujas sur le Code, *de jure dotium*.
(3) Dumoulin sur la Coutume de Paris, titre des douaires, p. 1715.
(4) Pothier, *Traité de la prescription*, n° 68.

quelque précision les droits respectifs de la femme et du mari sur la dot.

Nous ne nous étonnons pas, quant à nous, de cette incertitude de nos plus grands jurisconsultes; et nous ne sommes pas surpris de voir ces esprits, si puissants à triompher des subtilités juridiques les plus ardues, hésiter et, en définitive, se déclarer impuissants à définir exactement la nature et le caractère des droits des époux sur les biens dotaux. Nous avons signalé une difficulté semblable quand nous avons parlé, dans notre chapitre précédent, des droits du mari sur les biens de la communauté : nous nous sommes demandé quel est le caractère de ces droits : le mari est-il propriétaire? est-il mandataire? Ces deux qualifications nous ont paru également impropres, et nous avons conclu en disant qu'il ne fallait pas chercher à définir (car, après tout, définir n'est que comparer) une institution qui ne peut avoir sa pareille. Les règles les plus fondamentales du droit sur la propriété, sur l'usufruit, sur les droits d'un administrateur, sur le mandat, reçoivent lorsque le législateur les applique aux droits des époux, à raison des rapports tout particuliers de puissance maritale qui existent entre deux personnes unies par le mariage, des modifications profondes qui les rendent méconnaissables, et qui ne permettent pas d'en aborder l'étude avec les idées absolues et les principes rigoureux que l'on doit apporter dans l'examen des questions ordinaires.

Mais arrivons au Code. Les auteurs du Code, prévenus par d'anciennes et nombreuses controverses, des inconvénients pouvant résulter du manque de précision dans la détermination des pouvoirs des époux auraient dû, ce nous semble, dire formellement et expressément auquel des deux époux ils entendaient reconnaître la qualité de propriétaire;

sauf ensuite à introduire dans les droits résultant ordinairement de cette qualité les modifications et les restrictions nécessitées par les droits rivaux qu'ils reconnaissent au mari chef de la famille, administrateur et usufruitier de la dot. Ils ne l'ont pas fait; aussi voyons-nous les anciennes controverses se perpétuer, et des auteurs considérables (1) soutenir aujourd'hui encore que le mari est propriétaire de la dot. Nous pensons que cette doctrine est erronée, et la rédaction de plusieurs articles nous suffit à établir qu'elle n'était pas dans l'esprit des auteurs du Code. Mais, nous le répétons, nous aurions préféré une rédaction plus explicite et ne pouvant laisser aucun doute, même dans l'esprit des jurisconsultes les plus pénétrés du régime dotal romain.

Nous considérons donc comme certain que le mari n'a aujourd'hui aucun droit de propriété sur la dot. Nous exposerons nos arguments quand nous traiterons des droits de la femme sur les biens dotaux; nous pourrons mieux répondre à nos adversaires quand nous aurons étudié les différents droits du mari dans lesquels ils prétendent voir la preuve de son prétendu droit de propriété.

Les seuls droits que le mari exerce sur les biens dotaux sont : 1° un droit d'administration; 2° un droit d'usufruit. Étudions-les successivement.

Rien n'est plus vague et moins défini que ce que le Code désigne sous le nom de droits d'administration; nous trouvons dans notre législation un certain nombre de cas dans lesquels les pouvoirs de différents administrateurs sont organisés par la loi elle-même : le tuteur est administrateur de la fortune de son pupille, l'usufruitier est administrateur

---

(1) Troplong, *Contr. de mariage*, t. IV, n° 1302.

des biens dont il a l'usufruit; le mineur émancipé est administrateur de son patrimoine; la femme séparée de biens administre sa dot; enfin, nous avons vu que le mari lui-même a l'administration des biens propres de sa femme sous le régime de la communauté. Ces droits d'administration diffèrent tous entre eux par leur étendue, et s'il est un certain nombre d'actes qui y sont nécessairement compris, il en est aussi un grand nombre, et ce sont les plus importants, qui, appartenant à certains administrateurs, sont refusés ou contestés à d'autres.

Le droit d'administration du mari sur les biens dotaux n'est pas, comme nous le verrons, à l'abri de cette indétermination et des controverses qui en naissent. Toutefois, nous croyons pouvoir affirmer qu'après le tuteur, qui, à sa qualité d'administrateur, joint celle de représentant du pupille (art. 450), le mari, sous le régime dotal, est, de tous les administrateurs, celui qui a les pouvoirs les plus étendus. Ses pouvoirs sont notamment beaucoup plus considérables que ceux du mari sur les propres de sa femme sous le régime de communauté. Nous pensons qu'il faut en voir la raison dans la qualité de *dominus dotis,* que le droit romain et notre ancien droit donnaient au mari, que les auteurs du Code ont assurément supprimée, mais dont ils ont jusqu'à un certain point subi l'influence.

Énumérons d'abord quelques actes qui ont certainement et sans contestation possible le caractère d'actes d'administration : percevoir les revenus et les fruits des biens dotaux; faire sur ces biens les dépenses d'entretien et même les dépenses utiles; faire des baux de neuf ans; recevoir le payement des créances de la femme et libérer les débiteurs; exercer ses actions possessoires et même ses actions pétitoires mobilières; faire tous les actes conservatoires nécessaires, tels que saisies-arrêts, renouvellements d'inscriptions hypothécaires..., etc. Tous ces actes et d'autres semblables, qui peut-être nous échappent en ce moment, sont des actes d'administration proprement dits, et le droit de les accomplir appartient à tout administrateur.

Il n'en est pas de même de l'exercice des actions immobilières pétitoires : le droit de revendiquer un immeuble n'appartient en général qu'au propriétaire ; or l'art. 1549 l'accorde expressément au mari sur les biens dotaux ; c'est de ces prémisses ainsi formulées que M. Troplong a prétendu tirer la conclusion que le mari est propriétaire de la dot. Nous avons dit que nous discuterions cette question dans notre section suivante ; nous nous bornerons pour l'instant à faire une simple observation, que nous n'avons pas l'intention, disons-le tout de suite, de présenter comme un argument en faveur de notre thèse, mais dont nous ne voulons pas cependant perdre le bénéfice. Le tuteur peut exercer les actions immobilières pétitoires de son pupille : ce n'est pas comme administrateur, car ce n'est pas là, nous le reconnaissons, un droit d'administration ; ce n'est pas assurément comme propriétaire, c'est comme représentant et mandataire : pourquoi ne pas reconnaître aussi cette qualité au mari ? On ne nous répondra pas comme on aurait pu le faire quand nous parlions des pouvoirs du mari sur les biens de la communauté, qu'il est irresponsable : ce serait faux ici ; le mari répond des fautes qu'il commet dans l'administration des biens dotaux.

On nous dira alors que ce n'est pas un mandataire, parce que son mandat est irrévocable : mais le mandat du tuteur est tout aussi irrévocable que celui du mari. Prétendra-t-on voir une révocation du mandat dans une destitution prononcée contre le tuteur ? Ce serait, à notre avis, une erreur ;

mais en admettant même que ce soit une idée exacte, nous pourrions de même voir une révocation du mandat de la femme, dans une séparation de biens prononcée contre le mari.

Concluons donc : la situation du mari, administrateur des biens dotaux, nous semble pouvoir être assimilée à celle du tuteur, administrateur des biens de pupille ; le mari peut être considéré comme représentant de sa femme, absolument comme le tuteur est représentant du mineur, et cette qualité suffit à expliquer le droit qui leur appartient d'exercer les actions immobilières pétitoires de la femme ou du pupille, sans qu'il soit nécessaire de les considérer comme propriétaires.

Une autre difficulté que nous connaissons déjà, s'élève à propos de l'étendue des pouvoirs d'administration du mari sous le régime dotal.

Ce pouvoir d'administration entraîne-t-il pour le mari le droit de propriété sur les meubles, le droit de les aliéner et d'en disposer seul à son gré ?

Lorsque nous avons examiné cette question, au sujet des meubles réalisés de la femme mariée sous le régime de la communauté, nous avons soutenu, avec la plus grande partie des auteurs contemporains, et contrairement à l'opinion de Pothier, que la propriété de ces meubles restait à la femme.

Quelques auteurs après avoir professé cette opinion sous le régime de la communauté, croient devoir l'abandonner sous le régime dotal, à raison de la plus grande étendue des pouvoirs du mari sous ce régime, et lui reconnaissent le droit de disposer des meubles dotaux. Nous persistons, quant à nous, dans notre première opinion. Ce fait que le mari est, en vertu d'un texte formel, muni d'un droit spécial qui dépasse ceux d'un administrateur ordinaire, celui de revendiquer les immeubles, ne nous oblige pas à lui accorder, par voie d'interprétation et sans texte, un autre droit tout différent et qui ne peut pas être considéré comme un droit d'administration.

Nous devons, cependant, reconnaître ici l'existence des trois exceptions que nous avons déjà signalées : le mari peut disposer du mobilier dotal :

1° Lorsque ce mobilier se compose de choses destinées à être vendues : il est certain qu'alors le droit d'en disposer rentre dans son droit d'administration. Tel serait le cas où, parmi les biens composant la dot, se trouveraient des grains ou du vin provenant de récoltes antérieures au mariage. Nous ne parlons pas des récoltes faites pendant le mariage ; elles n'ont jamais fait partie de la dot; le mari en est devenu propriétaire par la perception ;

2° Lorsque des objets mobiliers apportés en dot ont été estimés par le contrat de mariage sans stipulation que l'estimation ne vaut pas vente (art. 1551) ;

3° Lorsque la dot comprend des choses fongibles non susceptibles d'usufruit, une somme d'argent, par exemple; le mari en devient propriétaire et peut en disposer librement.

Nous avons vu que le mari, administrateur des biens de la communauté, pouvait à son gré dissiper, détériorer les biens communs, le grever de ses dettes, même les plus étrangères à cette administration, sans que la femme pût invoquer son droit de copropriété pour se faire indemniser. Nous avons dit que, sous ce même régime, le mari était responsable de son administration quant aux propres de sa femme. Il en est de même sous le régime dotal; il est responsable de l'administration de la dot : les dettes qu'il contracte ne grevant pas les biens dotaux, la femme n'aura pas évidemment de récompense à lui demander de ce chef; mais il sera tenu de l'indemniser toutes les fois que sa négligence aura perdu ou compromis un bien dotal.

Enfin, ayant l'exercice des actions immobilières pétitoires, il pourra revendiquer directement l'immeuble dotal entre les mains d'un tiers que la femme aurait mis *in causâ usucapiendi*, dans le but de se soustraire à la nécessité de l'autorisation maritale pour l'aliénation de cet immeuble : nous supposons, bien entendu, ou bien que la mise en possession est antérieure au mariage, ou bien que l'immeuble a été stipulé aliénable ; hors ces deux cas, la prescription ne pourrait s'accomplir.

Nous n'avons jusqu'ici rien rencontré qui puisse justifier les sévérités de certains auteurs à l'égard du régime dotal, rien qui explique les résistances qu'il a éprouvées pour être admis dans le Code et les observations que nous avons cru devoir présenter avant d'en aborder l'étude, sur la condition qu'il fait à la femme. C'est en étudiant le droit d'usufruit du mari que nous allons voir l'explication de ces reproches et de ces résistances.

La mari a donc, sous le régime dotal, l'usufruit des biens dotaux. Il en est de même sous le régime de la communauté, où il a la jouissance non-seulement des biens communs, mais même des biens propres de la femme : mais la différence essentielle qui existe à ce point de vue entre ces deux régimes consiste en ce que dans l'un le mari n'est usufruitier que comme représentant de la communauté, et que si c'est lui seul qui perçoit les revenus et les fruits, la femme est appelée à les partager avec lui. Dans le régime dotal, au contraire, c'est le mari seul qui est personnellement usufruitier de la dot de la femme. La femme n'a que le droit d'exiger, lors de la dissolution du mariage, la restitution des biens qu'elle lui a apportés. Quant aux fruits et revenus de ces biens, ils sont définitivement acquis au mari : la plus grande partie a dû en être employée à l'entretien de la famille, mais le surplus s'est ajouté à son patrimoine : donc, encourager chez le mari des calculs d'avarice et des spéculations immorales sur les privations et la gêne qu'il peut imposer à sa famille, désintéresser la femme de la bonne administration du ménage en l'excluant de toute participation aux sages économies qui peuvent être réalisées, tels sont les vices de ce système.

Nous reconnaissons ce qu'il peut y avoir d'exagéré dans nos craintes. Ce serait faire injure à la femme que de supposer que l'intérêt qu'elle porte à la prospérité des affaires de la famille n'a sa source que dans un sentiment honteux d'égoïsme et d'avarice, et que ses efforts pour administrer sagement le ménage sont inspirés par l'espoir de prendre plus tard sa part des économies réalisées. Ce serait également méconnaître la vérité que de supposer en général le mari capable de spéculer sur les dépenses de sa famille parce qu'il espère retenir seul et ne pas partager avec sa femme tout l'excédant de ses revenus.

Mais il n'en est pas moins vrai que c'est une loi dangereuse que celle qui met en désaccord notre devoir et nos intérêts, et que le législateur ne doit pas compter sur la vertu des hommes pour corriger ce qu'il peut y avoir de dangereux ou d'immoral dans ses dispositions.

Il y a un cas spécial où ce droit absolu d'usufruit attribué au mari crée à la femme une condition bien défavorable, je dirais presque humiliante. Conformément à une théorie économique qui peut être très-exacte en économie politique, mais qui, ici, nous semble devoir subir des restrictions, le travail et le capital sont une même chose : le travail de la femme est considéré comme un capital dotal; c'est en général le capital de celle qui n'en a pas d'autre ; or le mari, en sa qualité d'usufruitier, perçoit seul les fruits de ce travail, en dispose à son gré, et si ces fruits ne sont pas absorbés par les dépenses de la famille, c'est le mari seul qui s'en enrichira Quelle situation plus humiliante pour la femme! c'est l'organisation de l'exploitation de la femme par le mari. On a parlé de l'exploitation de l'ouvrier par le patron; mais l'ouvrier est libre, il peut fixer le prix de ses services et les refuser à celui qui ne les lui payerait pas ce qu'il les estime : la femme est obligée de subir sa condition, et moyennant les dépenses d'entretien que le mari fera pour elle et qu'il réglera comme il le voudra, elle devra lui apporter le fruit de son travail de chaque jour.

Ici encore nous tenons à nous défendre de tout reproche d'exagération : nous examinons la loi telle qu'elle est écrite, et rien que la loi; et nous ne nous dissimulons pas qu'en réalité mille circonstances de fait atténuent ce qu'il peut y avoir de vicieux dans cette organisation. Nous remarquerons d'abord qu'en général le régime dotal est adopté lorsque la femme a une certaine fortune à conserver, et que c'est le plus souvent sous le régime de communauté que se font les mariages entre deux personnes n'ayant pour tout capital que leurs bras, et désirant réunir leurs efforts pour améliorer leur condition. Il est certain, en outre, que bien peu de maris se permettraient cet abus de pouvoir sur leur femme, et que s'il venait à se produire la séparation de biens, ou même, si c'était nécessaire, la séparation de corps serait un moyen efficace de les réprimer. Mais il n'en reste pas moins vrai qu'il est permis et même encouragé par l'organisation du régime dotal.

C'est pour corriger ce vice qui est, au point de vue de la condition de la femme, le vice essentiel du régime dotal, que l'usage s'est répandu jusque dans les anciens pays de droit écrit, de joindre au régime dotal une communauté d'acquêts. Cette communauté comprend : 1° les fruits de tous les biens des époux : biens du mari, biens dotaux, biens paraphernaux; 2° les bénéfices prevenant de l'industrie et du travail des époux; 3° les biens acquis avec les économies réalisés sur ces profits divers. La masse formée par tous ces biens appartient aux deux époux, elle est administrée par le mari pendant le mariage, et après sa dissolution la femme retrouve dans la moitié qui lui est attribuée, le produit de son travail et la récompense de sa vigilante et sage administration. Elle redevient ici véritablement l'épouse et la compagne de son mari.

L'adjonction de cette clause de communauté d'acquêts, faisant disparaître tout ce qu'il y a de défavorable dans la condition de la femme, sous le régime dotal pur, laisse subsister, au contraire, tout ce qui dans ce régime est en sa faveur, et les garanties exceptionnelles qu'il lui assure pour la conservation et la restitution de sa dot. Il suit de là, théoriquement du moins, et abstraction faite de toutes les considérations de fait qui, dans certains cas, peuvent rendre l'inaliénabilité dotale nuisible à la femme, que le régime formé par la combinaison de ces deux systèmes nous paraît être le plus favorable à la femme.

Mais revenons au droit d'usufruit du mari, et voyons quelles différences existent entre les rapports d'un usufruitier ordinaire avec le nu-propriétaire, et les rapports du mari usufruitier de la dot avec la femme.

Aux termes de l'art. 1550, le mari, à la différence d'un usufruitier ordinaire, est dispensé de donner caution à la femme. L'hypothèque légale de la femme sur les biens du mari, pour toutes ses créances, et spécialement pour celles qui naissent à la suite de détériorations faites par le mari sur les biens dotaux, a paru une garantie suffisante ; et, de plus, le législateur a voulu éviter de faire intervenir un tiers dans ces questions d'indemnités d'époux à époux, assez épineuses par elles-mêmes et déjà fertiles en procès.

Nous nous sommes demandé en examinant les droits d'usufruit du mari, sous le régime de la communauté, si l'art. 585 était applicable à cet usufruit ; nous avons écarté l'application de cet article et nous avons adopté celle de l'art. 548, pour le règlement des frais de labours et semences lors de la dissolution de la communauté. Quant au règlement de cette question, lors du commencement de l'usufruit, nous avons vu qu'il était sans intérêt, parce que si nous reconnaissions une créance d'indemnité à la femme pour frais de labours et semences, cette créance tombait en communauté, et nous l'avons écarté par la question préalable. Sous le régime dotal les droits des époux restant distincts, la question reprend tout son intérêt.

Nous pensons qu'en l'absence de tout texte, et de toute raison sérieuse pouvant écarter l'application de l'art. 585, il faut décider que le mari ne devra aucune indemnité à sa femme pour les frais de labours et semences faits avant le mariage (1) : cette solution est peu conforme aux intérêts de

(1) Voir en sens contraire : Aubry et Rau, t. V, p. 552 ; Rodière et Pont, III, 1719.

la femme, parce que le mari doit recueillir tous les fruits, et les dépenses qu'elle a faites seront perdues pour elle : mais nous n'hésitons pas à sacrifier cet intérêt modique à un intérêt d'un ordre plus élevé, celui du maintien de l'union dans la famille : l'art. 585, fait pour éviter les procès entre l'usufruitier et le nu-propriétaire, doit être appliqué ici plus rigoureusement que partout ailleurs. De même, à la dissolution du mariage. le mari ne pourra exiger de la femme aucune indemnité pour les frais d'ensemencements faits sur les frais dotaux ; les difficultés et les dangers d'un règlement seraient assurément moins à craindre dans ce cas; les dépenses étant de date récente, il serait facile d'en connaître avec précision le montant : mais il existe une autre raison d'écarter l'application de principe général de l'art. 548 : le mari a droit, en vertu de l'art. 1571, à une part des fruits proportionnelle au temps pendant lequel a duré le mariage dans l'année de sa dissolution : ce serait évidemment lui faire la part trop belle que de l'autoriser à faire supporter à la femme les frais de labours et semences, et à prendre sa part dans les fruits. Il aurait fallu au moins exiger une contribution proportionnelle de chacun des deux époux à ces dépenses.

Le mari par une juste réciprocité de ce qui s'est produit à l'ouverture de son droit d'usufruit, supportera donc seul les frais dont nous parlons. Et il n'aura pas lieu de se plaindre puisqu'il prendra une part des fruits de la dernière année, tandis que la femme a été complétement exclue de toute participation aux fruits qu'il a perçus pendant la première année du mariage.

Sous le régime dotal le mari perçoit les fruits même naturels jour par jour : de là, la conséquence que nous avons signalée plus haut incidemment, qu'il a dans les récoltes de la dernière année une part proportionnelle au temps pendant lequel a duré son droit d'usufruit dans cette dernière année (art. 1571). Il en est de même des récoltes qui ne se perçoivent qu'à des époques éloignées, telles que les coupes de bois. Je suppose par exemple : des coupes de bois se faisant tous les 20 ans. Une coupe ayant été faite par le mari, le mariage s'est dissous dix ans après. Le mari a droit à la moitié de la coupe qui était sur pied lors de la dissolution, et pourra exiger cette valeur lorsque la coupe s'effectuera. Si nous supposons inversement que le mari a négligé pendant le mariage de faire une coupe de bois à l'époque où elle devait l'être, et que le mariage vienne à se dissoudre, nous appliquerons ici l'art. 1403 2°, et nous attribuerons la valeur entière de cette coupe au mari, bien qu'il ait négligé de la percevoir, par respect pour le principe qui interdit les donations irrévocables entre époux, et par exception aux règles ordinaires de l'usufruit d'après lesquelles il devrait en être définitivement privé.

Nous citerons enfin les modifications que la qualité d'administrateur responsable introduit dans les droits du mari comme usufruitier et dans ses obligations à l'égard de la femme. Il doit faire les grosses réparations, et non pas seulement, comme l'usufruitier ordinaire, les réparations d'entretien. La femme serait en droit de se faire indemniser pour toute détérioration ou ruine survenue par suite de la négligence qu'il aurait apportée à faire ces réparations. La femme sous le régime dotal a, dans ce cas, un avantage évident sur la femme commune en biens. En effet, sous le régime de communauté, l'obligation qui incombe au mari de réparer le préjudice qu'il lui a causé par sa négligence, grève la communauté comme toutes ses autres obligations. La femme étant tenue pour moitié de cette obligation, il s'opèrera une confusion à la suite de laquelle elle ne recevra en réalité que la moitié de l'indemnité qui lui est due. Sous le régime dotal rien de semblable ne se produit : il n'y a rien de commun entre les époux; et ce que nous regardons comme un vice de ce régime matrimonial, est ici un correctif équitable à cette conséquence exagérée du système de communauté qui fait retomber sur la femme les conséquences des fautes commises par le mari, et cela, même lorsqu'elle a été directement victime de cette faute. La dette du mari pour négligence dans son administration lui restera donc absolument personnelle et la femme recevra son indemnité toute entière.

Enfin, le mari pourra, à la différence de l'usufruitier ordinaire, se faire indemniser pour les améliorations faites sur les biens de la femme. Nous pouvons appliquer ici en sens inverse l'observation que nous venons de faire. Sous le régime dotal, le mari, ayant fait seul et personnellement les dépenses d'améliorations sur les biens de sa femme, a seul droit au remboursement intégral de ces dépenses. Sous le régime de communauté, cette créance ferait partie des biens communs, et la femme ne devrait, en réalité, que la moitié de l'indemnité à son mari.

Bien que le principe que nul ne doit s'enrichir au détriment d'autrui soit vrai toujours et partout, le Code n'ayant pas ici spécialement organisé la théorie des récompenses, ce n'est pas par une action *de in rem verso* que le mari agira, comme sous le régime de communauté; c'est, croyons-nous, par une action de mandat ou de gestion d'affaires. Cette action lui donnera-t-elle plus de droits que la première, et le mari pourra-t-il, sous le régime dotal et sous les régimes où aucun intérêt commun ne confond son patrimoine avec celui de la femme, fixer le montant de sa demande, non d'après la plus value acquise par les biens de la femme, mais d'après ses déboursés? Nous ne le pensons pas; un administrateur, quel qu'il soit, ne peut pas ainsi, à son gré, induire le propriétaire des biens qu'il administre en des dépenses exagérées et sans résultat profitable : aussi est-il de principe, sans qu'aucun texte, à notre connaissance, l'établisse expressément, que l'administrateur peut réclamer les dépenses d'entretien en entier et les dépenses utiles ou d'amélioration jusqu'à concurrence de la plus value. C'est la règle qui nous semble devoir être appliquée au mari administrateur des biens de sa femme sous le régime dotal et sous le régime sans communauté.

SECTION II

Droits et pouvoirs de la femme sur ses biens dotaux.

La femme, sous le régime dotal, ne transfère à son mari, sur les biens dotaux, qu'un droit de jouissance et d'administration; elle reste propriétaire. Nous avons vu dans notre précédente section qu'il en était autrement en Droit romain; nous avons examiné les difficultés auxquelles a donné lieu cette question et la marche qu'elle a suivie dans l'ancien droit, et nous avons dit qu'aujourd'hui la question était réglée par le Code en faveur de la femme, mais en termes qui ne sont malheureusement pas assez formels pour exclure toute controverse.

Citons quelques articles qui nous paraissent refléter le plus clairement la pensée des auteurs du Code :

L'art. 1549 dit que le mari a l'*administration* des biens dotaux ; l'art. 1551 dit que le mari devient propriétaire des meubles lorsqu'ils sont estimés dans le contrat de mariage, et l'art. 1552 dit qu'il devient propriétaire des immeubles lorsqu'à leur estimation on ajoute la clause que cette estimation vaudra vente ; c'est donc que le mari n'est propriétaire *de plano* ni des meubles, ni des immeubles dotaux. Les art. 1555 et 1556 emploient l'un et l'autre les termes suivants : la femme peut avec l'autorisation du mari..... *donner ses biens dotaux*.

M. Troplong, le principal et peut-être l'unique partisan du système contraire, ne prétend pas attribuer au mari un droit exclusif et absolu de propriété. Il est, dit-il, quasi-propriétaire ; et il appuie principalement son opinion sur le droit qui appartient au mari d'exercer les actions immobilières pétitoires. Nous avons répondu à cet argument en traitant de ce droit du mari. Remarquons, d'ailleurs, que M. Troplong et les partisans de sa doctrine sont parfaitement d'accord avec les partisans du droit de propriété de la femme pour tout ce qui concerne la réglementation des droits respectifs de chacun des époux sur les biens dotaux ; aucune controverse ne s'élève quand il s'agit de déterminer la limite de ces droits, fixée avec assez de précision par le Code lui-même.

Sous le bénéfice de cette observation qui réduit la discussion à une pure question de mots, et de celle déjà présentée qu'il ne faut pas apporter ici d'idées absolues et chercher à appliquer les mots et les principes ordinaires du droit à des rapports juridiques d'une nature tout à fait particulière, nous demandons à ne pas nous arrêter plus longtemps sur cette controverse.

Nous arrivons au principe essentiel et caractéristique du régime dotal : l'inaliénabilité de la dot. Nous connaissons le point de départ et l'histoire de cette institution célèbre que l'on rencontre à chaque pas dans l'étude de la condition de la femme mariée ; nous savons quelle résistance rencontra son admission dans le Code, et comment, grâce aux instances pressantes des conseillers d'État et des magistrats des pays de droit écrit, elle fut enfin insérée, mais à la condition qu'elle serait immédiatement suivie d'un article proclamant le principe de la liberté des conventions, et permettant aux époux d'atténuer les effets trop rigoureux d'une inaliénabilité absolue. Il nous reste à nous demander quelles sont, au point de vue de la condition de la femme, les conséquences de cette institution, en quoi lui est-elle avantageuse, et comment elle peut devenir dans certains cas très-nuisible à ses intérêts.

Il est à remarquer d'abord que c'est contre elle et non contre le mari qu'est prononcée cette interdiction. Sous les autres régimes, de même que sous le régime dotal, le mari qui aliène un bien de sa femme fait un acte nul ; nous avons eu à étudier le caractère et les effets de cette nullité sous le régime de communauté ; mais c'est seulement sous le régime dotal que la femme elle-même, munie de l'autorisation de son mari, ne peut pas aliéner ses biens dotaux. Quel est donc le fondement de la nullité d'un acte d'aliénation en pareil cas ? La femme est-elle frappée d'une incapacité plus grande sous ce régime que sous les autres, et l'autorisation maritale est-elle insuffisante pour la relever de cette incapacité ?

Cette théorie serait contraire à l'opinion que nous avons

émise plusieurs fois, et qui est le point de départ de tout notre travail et du plan que nous avons adopté, à savoir que l'étendue de l'incapacité de la femme est invariable et indépendante du régime matrimonial adopté par les époux.

Non, la femme n'est pas plus incapable sous le régime dotal que sous les autres ; la preuve en est que, quant à ceux de ses biens qui sont soustraits par la convention ou autrement aux rigueurs qui frappent les biens dotaux, elle peut les grever par les obligations qu'elle contracte, et les aliéner, à la seule condition d'être comme toujours valablement autorisée par son mari ou par la justice. L'inaliénabilité dotale est donc une indisponibilité réelle frappant les immeubles tant que dure le mariage. Elle a cependant un certain caractère de personnalité et semble sur un point toucher à la capacité de la femme, en ce que les obligations contractées par celle-ci pendant le mariage ne peuvent pas être poursuivies sur les biens dotaux, même après la dissolution du mariage, « lorsque l'indisponibilité qui frappait ces biens a complétement disparu; nous pensons même, d'accord avec beaucoup d'auteurs, que ces biens ne peuvent pas être atteints entre les mains de l'héritier de la femme à raison de ces obligations. Mais cette solution n'autorise pas à voir dans l'inaliénabilité dotale un effet d'une plus grande incapacité de la femme.

Cette inaliénabilité absolue des biens dotaux est assurément un remède efficace contre les tendances dissipatrices d'un mari prodigue ou inexpérimenté. Mais il est permis de le trouver, dans certains cas, un peu trop radical et contraire, bien souvent, aux intérêts même de la femme. Quelle gêne, par exemple, pour des époux dont les affaires commerciales prospèrent, de ne pouvoir développer leur commerce, en y employant des valeurs qui restent presque improductives !

Ils sont même dans l'impossibilité de trouver ailleurs des ressources, la femme ne pouvant ni hypothéquer ses propres biens, ni dégréver ceux du mari de l'hypothèque qui les frappe. La femme paiera de la perte des bénéfices considérables, la protection exagérée et souvent inutile qu'on a cru devoir établir en sa faveur. Dans un cas particulier, l'inaliénabilité est la seule garantie contre un mari qui n'inspirerait pas une confiance absolue; c'est celui où le mari ayant une fortune purement mobilière, la dot de la femme se compose d'immeubles. Mais dans tous les cas, où le mari ayant un patrimoine immobilier, l'hypothèque de la femme peut être efficacement exercée, cette hypothèque nous semble suffisante pour assurer la restitution de la dot, et de nature à ne pas entraver outre mesure la liberté des époux. L'inaliénabilité dotale devrait alors consister uniquement dans l'interdiction faite à la femme de compromettre l'hypothèque légale qu'elle a sur les biens de son mari.

Il existe un acte législatif d'une certaine importance dont nous avons déjà eu occasion de parler, et qui est bien de nature à faire comprendre le trouble que le principe de l'inaliénabilité absolue de la dot peut apporter dans un pays où, par suite d'une grande activité commerciale, la fortune publique est sans cesse en mouvement. L'édit du 16 mai 1664 a été rendu par Louis XIV, pour supprimer dans le Lyonnais, le Forez, le Mâconnais et le Beaujolais, l'inaliénabilité dotale; et cela, à la demande et sur les instances réitérées de ces pays et surtout du Lyonnais : et, cependant, c'était là des pays de droit écrit, et nous savons avec quelle tenacité ces pays, en général, s'étaient attachés à leurs institutions, et spécialement au régime dotal; mais, c'étaient aussi des pays où le commerce se développait avec une rapidité et une puissance inouïes; et l'inaliénabilité dotale ne pouvait plus y vivre comme régime de droit commun.

Les pays coutumiers qui avaient adopté le principe de l'inaliénabilité dotale l'avaient considérablement atténué ou modifié : ainsi, la coutume de la Marche, à laquelle on nous pardonnera de nous intéresser plus particulièrement, prohibait les aliénations de biens dotaux, mais, seulement, lorsqu'elles étaient préjudiciables à la femme : l'art. 299 est ainsi concu : « Le mari et la femme, conjointement ou séparément, constant le mariage, ne peuvent vendre, aliéner, permuter, ne autrement disposer des biens dotaux de ladite femme, *au préjudice d'icelle;* et sont telles dispositions et aliénations nulles, et de nul effet et valeur, et ne sont validées par serment. »

La coutume de Normandie, dite la sage coutume, avait adopté un système assez original : les biens dotaux pouvaient être vendus par le mari et la femme conjointement, et si, à la dissolution du mariage, les biens du mari étaient insuffisants pour rembourser à la femme le prix de l'immeuble vendu, celle-ci avait son recours contre les tiers acquéreurs qui devaient alors, à leur choix, ou bien déguerpir, ou bien payer la valeur du bien lors du décès du mari.

S'il fallait nous prononcer entre la « sage coutume » et le régime dotal proprement dit, nous préférerions encore ce dernier système avec l'inaliénabilité absolue et toutes ses conséquences.

Nous terminerons cet aperçu général sur les effets de l'inaliénabilité dotale en citant l'opinion d'un éminent jurisconsulte, à laquelle nous nous rallions avec empressement. M. Troplong, ennemi juré de l'inaliénabilité dotale, dans laquelle il voit une immoralité, une ruine pour le crédit et une entrave au développement de la fortune des époux, conclut dans les termes suivants : « Je ne les accuse pas, dit-il en parlant des conseillers d'État des pays de droit écrit qui ont fait admettre cette institution dans notre Code, puisque l'inaliénabilité de la dot répond à certains préjugés de famille, à certaines idées de conservation dont je ne m'érige pas en frondeur. L'inaliénabilité est un point de tranquillité pour les pères si elle est une gêne pour les enfants... Les premiers se croient et sont souvent plus sages que les seconds. Respectons leurs précautions, surtout quand les plus louables intentions ont présidé à leur conduite ; mais combien de fois ces précautions n'ont-elles pas comprimé l'élan des deux époux vers un avenir meilleur ! C'est pourquoi, afin de tout concilier, j'aurais mieux aimé que le Code civil, au lieu de décréter l'inaliénabilité absolue et légale de la dot, eût, au contraire, déclaré le bien de la femme aliénable à charge de remplacement, de telle sorte que l'inaliénabilité pure et simple ne fût la loi des parties que lorsqu'un pacte exprès l'aurait imposée aux époux. »

La femme, sous le régime dotal, ne peut donc pas, même avec l'autorisation du mari, aliéner directement ou indirectement, pour le tout ou pour partie ses biens dotaux. Quels sont les droits qui lui restent comme manifestation et conséquence du droit de propriété que nous lui avons reconnu?

Nous pouvons, comme nous l'avons déjà fait en étudiant les droits de la femme sous le régime de communauté, diviser ces droits en deux classes : les uns destinés à la protéger contre les abus de pouvoir du mari sur la dot; les autres destinés à mettre directement en exercice le droit de propriété qui lui appartient.

La première classe comprend le droit d'agir en dommages-intérêts contre son mari toutes les fois que, comme administrateur de la dot, il s'est rendu coupable d'une faute ou d'une négligence en ayant diminué la valeur. Nous avons vu la différence existant sur ce point entre le droit de la femme dotale, qui peut obtenir indemnité pour le tout, et le droit de la femme commune en biens, qui, se trouvant, en cette qualité, tenue personnellement pour moitié des dettes de son mari, n'aura droit qu'à moitié des dommages-intérêts. Nous citerons encore dans cette catégorie de droits, le droit qu'a la femme de s'opposer comme propriétaire aux aliénations de biens dotaux consenties par le mari seul : nous écartons complétement le principe de l'inaliénabilité dotale, qui n'a trait qu'aux aliénations consenties par la femme autorisée; nous supposons même que, par une clause spéciale du contrat de mariage, l'immeuble en question a été déclaré aliénable : la femme n'en est pas moins restée seule propriétaire, et la vente est aussi radicalement nulle que si elle avait été consentie par un tiers quelconque. C'est donc une action en revendication qui appartient à la femme : mais nous verrons plus loin que la femme, sous le régime dotal, ne peut intenter aucune action, que le mari en a seul l'exercice ; c'est un souvenir du Droit romain conservé, on ne sait trop pourquoi, par les auteurs du Code, qui est en opposition avec l'organisation actuelle de notre régime dotal et qui crée souvent à la femme, et spécialement dans le cas qui nous occupe, des difficultés dont elle ne peut sortir que par le moyen radical de la séparation de biens.

Le Code semble avoir fait beaucoup pour la femme en la mettant à l'abri de la prescription tant que durera le mariage. C'est assurément une protection très-efficace, et l'on comprend que le législateur qui l'a accordée à la femme désire que celle-ci en use et n'intente pas pendant le mariage une action qui, réagissant contre le mari, jetterait la désunion et le trouble dans la famille. Mais c'était assez d'accorder à la femme cette facilité et de la laisser juge de ce qu'elle avait à faire, et c'est aller trop loin que de lui imposer l'inaction. Il ne suffit pas, pour qu'elle soit efficacement protégée, que le tiers acquéreur ne puisse pas prescrire : s'il coupe les bois qui faisaient le plus bel ornement de sa propriété, s'il démolit sa maison, que sera pour la femme, impuissante à agir en revendication, la protection de l'art. 2256 ? En supposant même qu'aucune détérioration ne soit commise sur l'immeuble vendu par le mari, l'art. 2256 sera-t-il toujours efficace ? Évidemment non, puisqu'il suppose que le mari est soumis à un recours en garantie et que dans bien des cas ce recours ne saurait avoir lieu. Tel serait d'abord le cas où le mari aurait fait connaître dans l'acte même de vente que le bien vendu appartient à la femme : tel est le cas où, d'une manière quelconque, l'acquéreur aurait su que le mari n'était pas propriétaire.

L'art. 1560 2° : qui semble exiger une déclaration du mari dans l'acte même n'est applicable qu'à la nullité provenant de l'inaliénabilité du bien vendu : ce n'est pas le cas qui nous occupe. Il suit de là que la femme sachant que son mari est sur le point de vendre son propre bien à un tiers devra bien se garder de s'opposer à la vente, et de faire connaître au tiers acquéreur que c'est à elle qu'appartient le bien que son mari va lui vendre : le tiers acquéreur n'ayant plus d'action en garantie contre le mari à cause de la connaissance qu'il avait que son vendeur n'était pas propriétaire, la prescription s'accomplirait sans qu'il fût possible à la femme de s'y opposer. Dira-t-on que les termes généraux de l'art. 1256 2° *in fine* n'exigent pas que le mari soit passible de dommages-intérêts, et que le seul fait qu'une action en revendication intentée par la femme l'exposerait à une demande en restitution du prix suffît à suspendre le cours de la prescription ? Outre que cette affirmation est en elle-même contestable, il est certain qu'elle ne conduit à aucune solution ; car il faudrait bien que la femme sût si le prix a été payé ou non au mari ; si le prix avait été payé, elle saurait que la prescription ne peut pas s'accomplir ; dans le cas contraire, rien n'arrêtant le cours de la prescription, elle prendrait d'autres mesures pour se protéger, elle demanderait la séparation de biens pour pouvoir ensuite agir en revendication. Enfin, cette ressource suprême, et dont la mise en œuvre est toujours regrettable, est la seule protection de la femme dotale lorsque le mari a donné un de ses biens : aucune action en garantie ou en restitution de prix n'étant dans ce cas ouverte contre le mari, l'art. 2256 est inapplicable et la prescription suivrait son cours, jusqu'à ce que la femme ayant obtenu, avec la séparation de biens, le droit d'exercer ses actions, pourrait elle-même revendiquer son bien contre le donataire.

Telles sont les conséquences déplorables, à notre avis, de ce système du Code qui consiste à interdire à la femme l'excercice de ses actions. Nous n'en avons parlé ici qu'au point de vue tout à fait spécial de la protection qui lui est accordée contre les abus de pouvoirs du mari : nous allons être obligé d'y revenir quand nous traiterons de la seconde espèce de droits de la femme sur sa dot. Remarquons en terminant que la femme, dont le mari aura aliéné seul le bien, aura toujours une ressource dans la responsabilité de celui-ci : si elle n'a pu arrêter la prescription ou empêcher les détériorations commises par l'acquéreur pendant les délais de l'instance en séparation de biens et de la demande en revendication, elle obligera son mari à l'indemniser de tout le préjudice qu'il lui a causé.

Demandons-nous maintenant quels sont les droits positifs que la femme peut directement exercer sur ses biens dotaux pendant le mariage. Ces droits, comme nous allons le voir, sont très-restreints.

Aussi ne faut-il pas s'étonner qu'ici, comme sous le régime de communauté, pour les biens communs sur lesquels la femme n'a presque aucun droit qu'elle puisse exercer, des auteurs aient nié son droit de propriété. Dans toute autre matière, et d'après les principes généraux du Code, cette conclusion serait peut-être logique ; mais en matière de société en général, et surtout en matière de société matrimoniale, elle ne l'est pas, car rien n'est plus conforme à la nature de cet acte que la renonciation faite par un associé, dans l'intérêt commun, de l'exercice de ses droits, avec mandat donné à un coassocié de les exercer pour lui, mandat que, en raison de sa nature en quelque sorte synallagmatique, la loi déclare irrévocable.

Les pouvoirs étendus accordés au mari sont donc la véritable raison de la restriction apportée à ceux de la femme, qui n'en conserve pas moins sa qualité de propriétaire ; c'est même, sous le régime de communauté, la seule cause de l'inaction à laquelle la femme est condamnée, et qui ne lui laisse, comme nous l'avons vu, quant aux biens communs, que le droit de les grever par les obligations qu'elle contracte et d'en disposer par testament. A cette première cause de restriction des pouvoirs de la femme s'en ajoute, sous le régime dotal, une seconde provenant de l'inaliénabilité des biens dotaux et ayant pour effet de priver la femme, non-seulement du droit d'aliéner ses biens, même avec l'autorisation de son mari, mais encore du droit de les grever par ses obligations.

En résumé, cette double idée du droit du mari, administrateur exclusif, comme chef de l'association conjugale, et de l'intérêt de la conservation de la dot, a conduit le législateur à ne laisser à la femme, sur ses biens dotaux, aucun droit qu'elle puisse directement exercer elle-même, et à ne lui reconnaître comme unique sanction et manifestation de son droit de propriété, que le droit de surveiller l'administration du mari et de lui en demander compte.

Nous ne parlons pas du droit de tester qui ne lui est reconnu que parce que le moment où il est véritablement exercé est le moment de la mort, et qu'alors il n'y a plus ni mariage ni dot; et qui, d'ailleurs, comme nous l'avons déjà fait remarquer, n'est pas une manifestation du droit de propriété, puisqu'il n'est pas nécessaire d'être propriétaire de la chose dont on dispose, au moment où est fait le testament.

Le seul point de cette matière qui demande quelques explications, est le refus fait à la femme de toute action en justice, relative à ses biens dotaux, et l'attribution exclusive faite au mari de l'exercice de ces actions. Nous avons montré plus haut les dangers que fait courir à la femme cette impossibilité d'agir pour demander la nullité d'une aliénation d'un de ses biens faite par le mari seul; nous devons maintenant envisager la question à un point de vue plus général.

Cette opinion, très-généralement admise par les auteurs contemporains, nous semble imposée par les termes formels de l'art. 1549 : « Le mari seul a l'administration des biens dotaux..... Il a seul le droit d'en poursuivre les débiteurs et les détenteurs. » Aucune difficulté ne s'est élevée quant aux pouvoirs d'administration ; la nature même de ces pouvoirs exige l'unité dans leur exercice et aucun auteur n'a supposé qu'il ait été dans l'intention des auteurs du Code, sous aucun régime, d'appeler la femme à partager ces pouvoirs avec son mari. Mais il n'en est pas de même de l'exercice des actions relatives aux biens dotaux, et sur ce point, il s'est produit quelques divergences d'opinions.

Les quelques auteurs qui ont combattu la doctrine en faveur de laquelle nous nous sommes prononcé, et parmi lesquels nous citerons Toullier (1), et MM. Rodière et Pont (2), n'osent pas affirmer, en présence des termes si explicites de l'art. 1549, que la femme partage avec son mari l'excercice des actions relatives à la dot. Mais, ils arrivent par un détour à une théorie semblable, et le raisonnement qui les y conduit, et dont nous montrerons le vice, les conduit à affirmer non-seulement que la femme peut agir en justice, mais qu'il est impossible qu'il en soit autrement, les termes de l'art. 1549 fussent-ils plus formels et plus catégoriques encore. Oui, disent-ils, en principe, le mari seul peut intenter les actions relatives aux biens dotaux : mais il est certain qu'il peut, en vertu de ce pouvoir, donner mandat à la femme d'agir à sa place et d'intenter elle-même ses actions : or, l'autorisation qu'il lui donne équivaut à un mandat, et avec cette autorisation la femme peut agir comme si elle était munie d'une véritable procuration de son mari.

Il est incontestable, en effet, que le mari peut donner mandat à sa femme d'exercer pour lui telle ou telle action

(1) T. XIV, n° 141 et suiv.
(2) *Traité du contrat de mariage*, t. III, n° 1758.

en particulier ; mais ce qui nous paraît vicieux et absolument inadmissible dans le raisonnement des auteurs que nous avons nommés, c'est l'assimilation qu'ils prétendent faire d'un mandat donné par le mari et de l'autorisation maritale. Ce sont là deux choses complètement différentes dans leur nature même, dans leurs caractères et dans leurs effets. L'autorisation maritale n'a qu'un but : relever la femme de son incapacité ; le mandat est un acte tout à fait étranger par sa nature à l'incapacité de la femme mariée. La femme agissant en vertu de l'autorisation du mari, agit pour son propre compte tant en la forme qu'au fonds ; c'est son nom qui figure dans les actes écrits qu'elle fait, c'est elle seule qui devient créancière ou débitrice : si elle agit en vertu d'un mandat, c'est le mari qui est directement en cause, c'est lui seul qui devient créancier ou débiteur. Toullier semble avoir complètement perdu de vue la différence qui existe entre une autorisation et un mandat quand il écrit la phrase suivante : « Quelle différence y a-t-il entre donner procuration d'agir ou de recevoir et autoriser à agir ou recevoir pour nous ? Dans l'un et l'autre cas, celui qui a souscrit l'autorisation ou la procuration n'est-il pas lié par ce qu'a fait pour lui la personne autorisée ? » Il est impossible d'admettre une semblable théorie qui est la négation même du principe : *Qui auctor est non se obligat.* Non, la femme qui agit avec l'autorisation de son mari n'oblige qu'elle : une exception est faite à ce principe sous le régime de communauté, pour des raisons spéciales qui tiennent à l'organisation de ce régime ; mais le principe est incontestable ; au contraire, la femme qui agit en vertu d'un mandat oblige son mari et ne s'oblige pas elle-même.

Il suit de là que lorsque la femme agit comme mandataire il n'est pas nécessaire qu'elle soit elle-même nantie du droit qu'elle exerce, puisque, en réalité, c'est son mari qui agit par son intermédiaire, et cela est si vrai que c'est le nom du mari qui devra figurer dans les actes de la procédure, à cause de la maxime : nul ne plaide par procureur. Lorsque, au contraire, la femme agit avec une simple autorisation, cela suppose que le droit qu'elle exerce réside en sa personne même, et l'autorisation maritale n'a pour but que de lever un obstacle qui s'opposait à ce qu'elle l'exerçât.

On nous accusera peut-être de formalisme. Nous reconnaissons en effet que la théorie de Toullier, fausse au point de vue juridique, peut être très-exacte comme considération de fait, et qu'un mari qui ne sera pas jurisconsulte ne fera pas une grande différence entre un mandat qu'il donnerait à sa femme d'agir en justice, et une simple autorisation, et que dans l'un et l'autre cas son intention sera la même. Mais cette observation ne doit pas nous arrêter, et il ne faut pas, parce que dans ce cas une confusion est rendue facile par cette circonstance que le mandat qui serait donné à la femme lui est donné en vue de l'exercice d'un droit qui, en réalité, lui appartient, il ne faut pas, dis-je, attribuer les mêmes effets à deux actes complétement différents.

La femme dotale ne peut donc pas, pendant le mariage ou avant la séparation de biens, exercer ses actions ; c'est au mari seul qu'appartient ce droit, et il l'exerce sans le concours de la femme.

Une difficulté s'élève sur ce dernier point, au sujet d'une action spéciale régie par des règles particulières : nous voulons parler de l'action en partage de biens dotaux indivis entre la femme et des tiers. Le mari a l'exercice de cette action comme de toutes celles qui appartiennent à la femme, cela n'est pas douteux ; mais cette action est soumise par le

Code, quant aux conditions de capacité ou autres qui sont requises pour l'exercer, à des règles tout à fait spéciales ; et l'art. 818 exige, notamment en ce qui concerne le mari, qu'il agisse avec le concours de sa femme toutes les fois qu'il ne s'agira pas de biens destinés à tomber en communauté ; s'il agit seul, le partage ne vaudra que comme partage de jouissances. Inversement, les cohéritiers ou copropriétaires de la femme doivent, lorsqu'ils prennent l'initiative de la demande en partage, mettre en cause le mari et la femme.

Cette exception, faite en faveur de la femme, quant à l'action en partage, ne date pas du Code civil. Nous trouvons dans le Code de Justinien une constitution (1) que nous avons eu déjà occasion de citer dans notre thèse de Droit romain, qui nous dit expressément que le mari ne peut intenter seul l'action *communi dividundo* contre les copropriétaires du fonds dotal. Cette constitution date de l'empereur Gordien, c'est-à-dire d'une époque où le mari était, sans contestation possible, considéré comme *dominus dotis*.

Un certain nombre d'auteurs considérables, parmi lesquels nous citerons Delvincourt (III, p. 332) et M. Troplong (*Traité du Contrat de mariage*, t. IV, n° 3108), refusent d'admettre ici l'application de l'art. 818, sous prétexte que, lorsqu'il a été fait, les rédacteurs du Code ne prévoyaient pas que le régime dotal serait organisé par le Code, et prétendent que la règle spéciale à ce régime est dans l'art. 1549, dont il ne faut pas s'écarter. Que si, se transportant sur leur propre terrain, on leur objecte que c'est dans le Droit romain qu'il faut chercher les règles du régime dotal, ils

(1) L. 2 Code, *de fundo dotali*.

répondent que la loi 2 *de fundo dotali* ne peut pas être transportée du Droit romain, où le partage était translatif de propriété, dans le Droit français, où il n'est que déclaratif. Nous avons déjà réfuté cette erreur, qui tend à faire de la fiction de l'art. 883 un principe absolu, et nous avons dit que cet article n'empêchait pas, en dehors des cas restreints en vue desquels il a été fait, le partage d'être un acte réellement translatif de droits.

Nous ajouterons qu'il ne nous semble pas nécessaire que le rédacteur de l'art. 818 ait prévu spécialement le régime dotal; il a visé d'une manière générale tous les cas où le mari n'est pas appelé à acquérir un droit de propriété sur les biens sujets à partage, et dans tous ces cas, parmi lesquels se trouve évidemment celui dont nous nous occupons, il a exigé le concours de la femme.

La seconde partie de l'art. 818, qui exige le concours de la femme, même lorsque le mari est défendeur à l'action en partage, écarte la solution donnée par la loi 2 *de fundo dotali*, d'après laquelle le mari pouvait défendre seul à l'action *communi dividundo*. Les Romains voyaient, dans un partage fait dans ces conditions, une aliénation nécessaire qui échappait à la loi *Julia*, et que le mari pouvait faire sans l'intervention de la femme.

Donc, en résumé, contrôler l'administration du mari afin de pouvoir, lors de la restitution de la dot, lui demander des dommages-intérêts, et même, s'il est nécessaire, demander la séparation de biens, intervenir, soit activement, soit passivement, dans les actions en partage des biens dotaux, disposer de ces biens par testament, tels sont les seuls droits qui appartiennent à la femme, tant qu'elle reste sous l'empire du régime dotal. Elle ne peut ni administrer ses biens dotaux, ni exercer les actions qui lui appartiennent de ce chef, ni en percevoir les revenus, ni les aliéner. Le Code a prévu un certain nombre de cas dans lesquels il permet à la femme d'aliéner ses biens dotaux avec l'autorisation, soit de son mari, soit de la justice ; mais ce sont des cas exceptionnels dans le détail desquels les limites restreintes de notre travail ne nous permettent pas d'entrer.

SECTION III

Pouvoirs du mari sur les paraphernaux.

Les biens paraphernaux sont ceux que la femme a voulu soustraire à l'action du mari. C'est, en quelque sorte, un petit patrimoine qu'elle s'est réservée en se dépouillant de ses biens dotaux, pour en percevoir elle-même les revenus et pouvoir contracter des obligations, pour conserver, en un mot, une certaine part de la vie civile, que le double principe des pouvoirs du mari sur la dot et de l'inaliénabilité dotale auraient, sans cette réserve, presque complétement éteinte en elle.

Les droits du mari sur cette classe de biens sont donc très-restreints ; il n'a, quant à eux, d'autres pouvoirs que ceux qu'il tient de sa qualité même de mari et qui sont une conséquence directe de la puissance maritale et de l'incapacité de la femme.

Ces pouvoirs sont compris dans le droit que lui accorde

l'art. 225, de demander la nullité des obligations contractées par la femme, des aliénations qu'elle a consenties, et des procès où elle a figuré activement ou passivement, sans son autorisation.

Dans le cas particulier et très-fréquent où les époux, conformément à l'art. 1581 ont ajouté à la clause de dotalité une société d'acquêts, on s'est demandé si cette seconde clause ne donnait pas au mari le droit d'administrer même les paraphernaux, et d'en percevoir les fruits.

L'art. 1581, dit-on, renvoie aux art. 1498 et 1499; or, d'après ces articles, les revenus de tous les biens personnels des époux composent l'actif commun ; de là, le droit pour le mari d'exercer son droit d'administrateur et d'usufruitier sur tous ces biens sans exception.

D'autres auteurs, en plus grand nombre, repoussant cette opinion, soutiennent que le régime dotal est, après tout, le véritable régime du contrat de mariage ainsi rédigé, que la stipulation de communauté d'acquêts n'est qu'un accessoire, que, par suite, la distinction entre les biens dotaux et les biens paraphernaux doit être maintenue et que le seul effet de la clause de communauté est de mettre en commun l'excédant des revenus paraphernaux perçus par la femme, et l'excédant des revenus des biens dotaux perçus par le mari. Ils appuient leur opinion de cette considération puissante, que la clause de communauté d'acquêts, ayant été introduite en faveur de la femme, ce serait mal l'interpréter que de la faire tourner à son détriment (1).

Cette question n'est pas, à notre avis, susceptible d'une solution absolue et invariable. C'est avant tout une question

(1) Rodière et Pont, t. II, 737; Aubry et Rau, t. V, p. 644.

d'interprétation de la volonté des parties susceptible, par conséquent, de solutions différentes, suivant les termes du contrat de mariage et les autres circonstances de fait propres à servir de base à cette interprétation. Les auteurs les plus affirmatifs, dans l'une ou l'autre des deux opinions que nous avons exposées, seraient les premiers, en présence de telle ou telle circonstance particulière, à donner une solution contraire.

Toutefois, il ne nous semble pas téméraire d'affirmer que, dans la plupart des cas, lorsqu'une femme, après avoir adopté le régime dotal avec communauté d'acquêts, s'est réservé tacitement, par une constitution de dot limitée à certains biens, soit expressément, des biens paraphernaux, l'intention des époux a été que l'administration et l'usufruit de ces biens resterait à la femme. En cette considération, et à défaut de circonstances particulières desquelles il résulterait que la femme a entendu remettre à son mari l'administration et la jouissance de ses paraphernaux, et que la clause de paraphernalité n'a eu d'autre but que de lui conserver une certaine part à la vie civile, de lui permettre, par exemple, de contracter des obligations, nous sommes disposé à admettre, comme règle générale et solution de droit commun, l'opinion professée par MM. Aubry et Rau, Rodière et Pont et un grand nombre d'autres auteurs.

La femme, après avoir employé, à son gré et sans que le mari puisse lui en demander compte, les revenus de ses paraphernaux, devra apporter à la communauté les économies qu'elle aura réalisées. Dès ce moment, le mari en sera seigneur et maître, et la femme n'aura plus sur les biens ainsi apportés que les droits que nous lui avons reconnus sur les biens communs sous le régime de communauté.

Il arrive souvent que sous le régime dotal, même sans

qu'aucune stipulation de communauté d'acquêts ait été insérée dans le contrat de mariage, la femme, lassée de l'administration de ses paraphernaux, en laisse le soin au mari, beaucoup plus apte qu'elle à la direction des affaires d'intérêt. Le Code, prévoyant cette situation extra-légale, l'a réglementée dans trois articles que nous nous contenterons de citer. Chacun de ces articles a en vue un cas différent :

L'art. 1577 suppose que la femme a donné au mari mandat exprès d'administrer ses biens : la responsabilité du mari est alors soumise aux règles ordinaires du mandat.

L'art. 1578 suppose que le mari a administré les paraphernaux sans mandat de la femme, mais sans opposition de sa part : il ne doit compte, à la dissolution du mariage, que des fruits non consommés. Ceux qui ont été consommés sont considérés comme ayant été employés dans l'intérêt commun de toute la famille.

Enfin, l'art. 1579 suppose que le mari a retenu, malgré l'opposition constatée de la femme, l'administration et la jouissance de ses paraphernaux ; il est, dans ce cas, comptable de tous les fruits qu'il a perçus, sans distinction de ceux qui existent lors de la dissolution du mariage et de ceux qui ont été consommés.

SECTION IV

Pouvoirs de la femme sur ses paraphernaux.

Les pouvoirs de la femme sur ses paraphernaux n'ayant d'autres limites que celles résultant de la puissance maritale et de son incapacité, sont en réalité ceux de tout propriétaire sur les biens qui lui appartiennent, sauf quant à l'exercice de quelques-uns de ses droits, la nécessité de l'autorisation maritale pour la relever de cette incapacité; et encore cette restriction n'est-elle pas pour le mari un droit absolu, puisque, créée daus un but de protection pour la femme, elle peut être, dans l'intérêt de celle-ci, supprimée ou, pour mieux dire, suppléée par l'intervention de la justice.

Il suit de là que l'étude des pouvoirs de la femme sur ses paraphernaux se confond avec l'étude de l'étendue de son incapacité et des actes pour lesquels l'autorisation maritale est requise.

Lorsque nous avons étudié cette incapacité dans notre premier chapitre, nous avons ajourné l'examen des difficultés relatives au droit de la femme d'aliéner seule son mobilier sous les régimes qui supposent qu'elle a voulu conserver à cet égard toute sa capacité. C'est ici le lieu où doit naturellement se placer cette discussion.

L'opinion presque universellement admise est que la femme est capable d'aliéner son mobilier sans l'autorisation de son mari. Quant à la femme séparée de biens, l'art. 1449 est formel en ce sens, et si des difficultés s'élèvent quant à elle, elles portent uniquement, comme nous le verrons, sur l'interprétation plus ou moins large du principe. Il n'en est pas de même pour la femme dotale quant à ses meubles paraphernaux : un certain nombre d'auteurs parmi lesquels Benoît (1), Troplong (2), et surtout Rodière et Pont (3),

(1) *Traité des paraphernaux*, n° 21.
(2) *Traité du contrat de mariage*, t. IV, n°s 3691 et suiv.
(3) *Traité du contrat de mariage*, t. II, n°s 708 et suiv.

prétendent qu'en principe la femme est soumise à l'autorisation maritale et qu'elle ne peut aliéner seule que quelques meubles dont la disposition appartient à tout administrateur, telles sont les récoltes de ses immeubles paraphernaux, etc.

MM. Rodière et Pont appuient leur système sur les termes même dont se sert l'art. 1576 : « La femme, dit cet article, a l'administration et la jouissance de ses *biens* paraphernaux ; mais elle ne peut les aliéner...... sans l'autorisation du mari...... » Le Code ne fait aucune distinction entre les meubles et immeubles et pour toute aliénation la femme est frappée d'incapacité. Ils expliquent la différence qu'ils cherchent à établir entre la femme séparée de biens et la femme dotale par cette observation que le régime de séparation de biens, soit judiciaire, soit conventionnelle, est un régime de défiance contre le mari et fait présumer son incapacité comme administrateur, que dès lors, il y avait lieu de restreindre sa puissance plus que sous tout autre régime.

Nous nous refusons à admettre cette doctrine : nous pensons que la femme dotale, comme la femme séparée de biens, peut aliéner sans l'autorisation de son mari ses meubles paraphernaux, et voici nos raisons :

Ce n'est ni dans l'art. 1449 ni dans l'art. 1576 qu'il faut chercher la règle qui détermine les limites de la capacité de la femme ; ces articles appartiennent à l'organisation des régimes matrimoniaux et peuvent être mélangés d'éléments étrangers aux questions de capacité : c'est dans l'art. 217. Or, il nous paraît certain que cet article, qui ne distingue pas plus que l'art. 1576 entre les meubles et les immeubles, n'entend pas exiger l'autorisation maritale pour l'aliénation des meubles, et la raison péremptoire en est que, si en principe l'incapacité de la femme s'étendait à l'aliénation des meubles, l'art. 1449 qui la déclare capable de les aliéner lorsqu'elle a adopté le régime de séparation de biens serait une violation du principe fondamental qu'on ne peut par convention rendre capable une personne incapable.

L'art. 217 reconnaît donc à la femme mariée la capacité d'aliéner seule ses meubles.

Or, peut-on admettre que, trouvant dans la même matière deux articles, l'art. 217 et l'art. 1576, rédigés de la même manière, on puisse donner à chacun d'eux une interprétation différente !

L'art. 217 pose la règle générale, l'art. 1576 l'applique à un cas particulier : Que nous importe que dans d'autres applications spéciales le législateur ait cru devoir adopter une rédaction plus précise ! Nous devons plutôt ici raisonner par analogie que par *à contrario,* car il nous paraît certain que la femme dotale, en se réservant des paraphernaux, a eu l'intention de retenir sur eux tous les droits qu'elle pouvait exercer, et de ne laisser à son mari que ceux que cette qualité lui attribue de plein droit, et nous ne doutons pas que telle ait été la pensée des auteurs du Code.

Nous devons nous demander maintenant quelle est l'étendue de ce pouvoir et s'il n'y a pas des distinctions et des restrictions à faire soit au point de vue de la nature des meubles auxquels il peut s'appliquer, soit au point de vue des différents modes d'aliénation dont ils sont susceptibles.

Il est une classe de meubles qui pourrait soulever quelques difficultés ou au moins des doutes, tant à cause des précautions spéciales dont la loi entoure leur transmission, qu'à raison de leur importance même : ce sont les créances. Il est certain qu'une condition toute particulière leur est faite par la loi ; non-seulement l'art. 2279, qui rend la propriété des meubles si mobile et si facilement transmissible, ne leur est pas applicable, mais, de plus, leur aliénation pour être complète exige des formalités qui les rendent semblables aux immeubles quant à leur transmissibilité. Nous pensons, néanmoins, que la capacité de la femme s'étend à l'aliénation de tous les meubles, corporels ou incorporels, et que, malgré la ressemblance qui existe entre les formalités exigées par la loi pour la transmission de ces derniers et pour la transmission des immeubles (signification au débiteur pour les uns, transcription pour les autres), il n'en est pas moins certain que la cession d'une créance se rapproche beaucoup plus par sa nature d'un acte d'administration que la vente d'un immeuble. La vente d'un immeuble est l'acte de disposition par excellence; une cession de créance est faite, le plus souvent, en vue, soit d'éviter les chances d'insolvabilité d'un débiteur qui n'inspire pas de confiance, soit pour recevoir avant le terme fixé des fonds dont on a besoin ou que l'on espère placer plus avantageusement ailleurs.

La raison pour laquelle nous refusons d'admettre toute restriction au pouvoir de la femme d'aliéner son mobilier, quant aux meubles incorporels, est donc d'abord que rien dans le Code n'autorise cette restriction, ensuite et surtout que nous considérons la cession de créance comme étant, dans la plupart des cas, un acte d'administration, et enfin que ce serait tomber dans l'arbitraire le plus dangereux que d'autoriser la femme à demander la nullité d'une cession faute d'autorisation maritale, en l'admettant à faire la preuve que, dans ce cas particulier, la cession ne peut pas être considérée comme un acte d'administration.

Cette dernière observation est en opposition formelle avec une théorie très-accréditée aujourd'hui. Des jurisconsultes considérables parmi lesquels nous citerons M. Demolombe (IV, n° 155), Marcadé (art. 1449) et Troplong (II, n° 1417), enseignent que le droit de la femme de faire seule des aliénations mobilières est renfermé dans les limites de son droit de libre administration ; et que toutes les fois qu'une aliénation mobilière faite par elle sans autorisation de son mari pourra être considérée, soit à raison de l'importance de l'objet aliéné, soit à raison du mode d'aliénation, comme dépassant ses pouvoirs d'administration, la femme devra être admise à en provoquer la nullité.

Nous ne pouvons admettre ce système. Les raisons qui peuvent modifier la nature d'un acte et en faire, soit un acte d'administration, soit un acte de disposition, sont d'espèces très-diverses ; les unes peuvent être apparentes et connues de tous ; mais le plus souvent elles seront de nature à n'être connues et appréciées que par la femme elle-même, et ce serait laisser à sa discrétion les tiers avec lesquels elle a traité que de lui reconnaître le droit de venir, en révélant telle ou telle circonstance, demander à la justice la nullité d'un acte que l'on pouvait considérer comme définitivement valable.

Ce n'est pas seulement pour les tiers que cet arbitraire serait dangereux, ce serait aussi pour la femme, avec laquelle personne ne voudrait traiter dans de semblables conditions. Les auteurs qui soutiennent ce système dans un but de protection pour elle, nous semblent mal comprendre ses intérêts.

Le principe de ce système ne doit cependant pas être complétement rejeté, et nous n'hésitons pas nous-même à l'appliquer à un genre d'aliénation, sur la nature duquel aucune difficulté ne peut s'élever, et qui ne peut jamais être considéré comme un acte d'administration : nous voulons parler des donations.

Le Code ne fait aucune distinction : il autorise les

aliénations mobilières, sans distinguer les aliénations à titre gratuit ou à titre onéreux. La plupart des auteurs partant du principe dont nous avons combattu l'application exagérée, et voyant dans une donation, quelque minime qu'en soit l'objet, et quelque soit le motif qui l'a inspirée, un acte de disposition, enseignent que la femme est incapable de faire une donation mobilière sans l'autorisation de son mari. Delvincourt (t. II, p. 58) est, à notre connaissance, le seul auteur qui, s'en tenant à la lettre du Code, refuse d'admettre cette distinction.

POSITIONS

DROIT ROMAIN

I. La *manus* est une véritale puissance produisant ses effets sur la personne comme sur les biens.

II. La femme mariée qui se trouve sous la tutelle de ses agnats ne peut pas tomber *in manu* par l'*usus*.

III. Ce n'est qu'à un point de vue spécial et restreint que l'on peut assimiler le régime romain de la *manus* au régime moderne de communauté universelle. Des différences essentielles et fondamentales séparent ces deux régimes.

IV. La prohibition d'hypothéquer le bien dotal ne vient pas de la loi *Julia*

V. Un droit d'usufruit constitué *dotis causâ* par la femme, sur un de ses biens, en faveur du mari, peut s'éteindre *non utendo;* et cette disposition n'est inconciliable ni avec la loi *Julia*, ni avec la prohibition des donations entre époux, ni avec l'interdiction de restitution anticipée de la dot.

VI. La défense de restitution anticipée de la dot ne se rattache pas à la prohibition des donations entre époux, mais aux lois d'Auguste conservatrices de la dot.

VII. Les obligations contractées par la femme pendant le mariage ne peuvent être, malgré la loi *Julia*, poursuivies sur les biens dotaux après la restitution de la dot.

DROIT COUTUMIER

I. Dans la coutume de Paris, la nullité résultant du défaut d'autorisation de la femme mariée était purement relative. L'art. 225 du Code civil n'a rien innové à cet égard.

DROIT FRANÇAIS

I. L'incapacité de la femme mariée a pour double fondement la suprématie maritale et la protection que le mari doit à sa femme.

II. Il est faux de dire que l'incapacité de la femme mariée varie suivant les régimes. Les conventions matrimoniales ne peuvent que modifier l'étendue des pouvoirs que la femme transfère au mari sur ses biens, et de ceux qu'elle se réserve.

III. Le consentement du mari intervenant postérieurement à l'accomplissement de l'acte pour lequel il est requis, rend cet acte valable même à l'égard de la femme.

IV. L'autorisation de justice ne peut, en aucun cas, suppléer celle du mari pour habiliter la femme à faire le commerce.

V. S'il est nécessaire pour la bonne administration de la communauté que le mari soit considéré comme *seigneur et maître* à l'égard des tiers, il serait conforme à l'équité et au principe de responsabilité qu'il ne fût considéré, à l'égard de la femme, que comme administrateur.

VI. Mais, le Code ne l'ayant pas voulu ainsi, il faut admettre comme conséquence que la femme est tenue définitivement pour moitié des dettes du mari provenant même d'un délit commis sur sa personne ou sur ses biens.

VII. La femme peut en intervenant à l'acte de donation fait par le mari, d'un immeuble commun, valider cette donation.

VIII. Sous quelque régime que ce soit, le droit d'administration du mari ne lui donne pas, en général, et sauf exception, la propriété des meubles de la femme

IX. Il suit de là, notamment en matière fiscale, que, en cas de prédécès du mari, il doit être fait distraction de ces meubles pour le calcul des droits de mutation par décès, ce qui n'aurait pas lieu si la femme n'était que créancière de leur valeur.

X. L'inaliénabilité dotale est surtout une indisponibilité

réelle ; mais elle a un certain caractère de personnalité en ce que le paiement des dettes contractées par la femme pendant le mariage ne peut être poursuivi sur les biens dotaux, alors même que toute dotalité a disparu.

XI. Une stipulation de communauté d'acquêts jointe à l'adoption du régime dotal n'empêche pas la femme de conserver l'administration et la jouissance de ses paraphernaux.

XII. Le droit pour la femme séparée de biens et pour la femme dotale, quant à ses paraphernaux, d'aliéner seule ses meubles est absolu, et ne doit pas être arbitrairement renfermé dans les limites du droit d'administration.

XIII. Cependant on ne saurait lui reconnaître le droit de disposer de ses meubles par donation.

XIV. La disposition qui accorde à la femme mariée une hypothèque sur les biens de son mari est une loi de statut personnel.

XV. Bien que, en principe, l'hypothèque de la femme mariée porte sur les conquêts de communauté, elle ne peut être exercée par la femme acceptante sur les conquêts aliénés pendant le mariage.

PROCÉDURE

I. Les époux ne peuvent pas attaquer par voie de requête civile un jugement rendu contre la femme non autorisée.

II. Le défendeur qui a opposé l'exception d'incompétence

n'est pas déchu du droit d'opposer l'exception *judicatum solvi,* et réciproquement.

DROIT CRIMINEL

I. Le décès du mari, après la dénonciation par lui faite de l'adultère de sa femme, n'arrête pas l'action publique mise en mouvement par cette dénonciation.

II. L'aggravation de la culpabilité résultant d'une qualité particulière à l'auteur s'étend au complice.

DROIT ADMINISTRATIF

I. En cas d'expropriation pour cause d'utilité publique, quoique la translation de propriété résulte du jugement, le règlement amiable de l'indemnité ne peut pas être considéré comme un simple acte d'administration, et la femme ne peut le faire sans l'autorisation de son mari.

II. Il n'est pas indispensable que les fermiers ou locataires d'immeubles expropriés qui réclament une indemnité justifient d'un bail ayant date certaine, conformément à l'art. 1328 du Code civil.

DROIT DES GENS

I. Les renonciations à successions futures, nulles en droit civil, sont valables d'après le droit international.

II. Le principe de la liberté des mers s'oppose à ce que les belligérants puissent visiter les navires neutres pour vérifier s'ils ne font pas de la contrebande de guerre.

Vu par le Président,
G. DEMANTE.

Vu par le Doyen,
G. COLMET-DAAGE.

Vu et permis d'imprimer :
Le Vice-Recteur de l'Académie de Paris,
A. MOURIER.

BIBLIOTHÈQUE NATIONALE
R.F.
IMPRIMÉS

SOMMAIRE

DROIT ROMAIN

DROIT COUTUMIER

DROIT FRANÇAIS

PARIS. — IMPRIMERIE J. GHEMAR, RUE DE MONTMORENCY, 6.

www.ingramcontent.com/pod-product-compliance
Ingram Content Group UK Ltd.
Pitfield, Milton Keynes, MK11 3LW, UK
UKHW021924230726
13925UKWH00007B/469

9 782019 240950